キャラクターをパクったチープ感……路上販売には違法のにおいが息づく香港。
アジアのエネルギーは健在？　これ USB メモリーです

香港

重慶マンションの看板は40年前と同じだ。この文字にほっとしてしまう

蘭桂坊のパブ。アジアでいちばん欧米っぽい一画といったらここだろう

苦い涼茶で一服。つい世間話。皆、初対面なんですが

スパゲティー麺。こういうものをつくってしまう香港人がちょっと好き

道にせり出す看板は香港のお家芸。最近、その数が減ってきた気がする

香港

いったい何百回、この眺めを見ながらぼんやりしていただろうか。夕方になると、足が向いてしまう

セントポール天主堂跡前は中国人の撮影大会。これ、人が少ないほうです

赤く染まりつつある福隆新街。最近、観光客が増えて居心地がちょっと悪い

マカオ

モンテの丘の砲台は、かつては眼下にあった港に入る船に向けられていた。グランド・リスボアを狙っているわけではありません

週末香港・マカオでちょっとエキゾチック

下川裕治　　写真・阿部稔哉

朝日文庫

本書は書き下ろしです。

週末香港・マカオでちょっとエキゾチック●目次

地図／フジ企画

香港の通貨は香港ドル、マカオの通貨はマカオ・パタカ。円とのレートは、二〇一四年十月二十三日現在の一香港ドル＝一マカオ・パタカ＝約十四円で換算している

週末香港・マカオでちょっとエキゾチック

第一章　香港

重慶大厦

安宿が教えてくれる
この街に抱かれる気分

これから何回、香港の土を踏むのかはわからない。しかし泊まるのは、いつも、重慶大厦（チョンキンマンション）と入口に看板を掲げた重慶（チョンキン）マンションのなかにあるゲストハウスのような気がする。それ以外の選択肢が僕にはみつからないからだ。

重慶マンションのゲストハウスは、典型的な安宿である。個室は狭く、歩くスペースはほとんどない。部屋のなかでは、ベッドの上で過ごすことになる。ベッドといっても木枠にふとんを敷いた程度で、映りの悪いテレビ、音がやけに大きい旧式のエアコンに扇風機が置かれている。これで一泊百香港ドルから二百香港ドル。香港ドルは本書ではドルと表記するが、この金額は、日本円にすると千四百円から二千八百円ほどだろうか。ホテル代の高い香港では貴重な存在である。

二十年ほど前だったか。知人からこんなことを訊かれたことがあった。

「下川さんって年をとっても、バックパッカーをやっていて、やっぱり安い宿に泊まっているんですか？」

返答に困った。当時はまだ四十代で、年をとった自分の姿をうまく描けなかった。

しかし二〇一四年、六十歳になり、確実に年寄りになったというのに、いまだ、重慶マンションのゲストハウスなのである。

以前、バンコクのカオサンというゲストハウス街で、ひとりの老人を見かけた。痩せた体をプラスチック製の椅子にちょこんと乗せ、シンハーの缶ビールを飲んでいた。髪は白かった。欧米系の顔立ちをしていた。その老人の体を包む軽さのようなものが気になって、しばし足を止めてしまった。飄々（ひょうひょう）とした面もちが羨ましかった。しかし、その老人と同じような年齢に達したというのに、彼のような軽さを身につけているわけでもなく、あたり前のように、空港からA21番のバスに乗り、重慶マンションのエレベーターの前に立っているのだ。何年後かの姿に期待を重ねてもみるのだが、そこにあるのは、いたずらに年だけが増えていくという平坦な道のりだけのようである。

香港の街をはじめて歩いたのは、かれこれ四十年近く前になる。二十二歳。まだ大学生だった。生まれてはじめての海外渡航先はタイだった。二回目もタイだったが、その帰り道に香港に寄った。はじめて体験するトランジットというものだった。途中降機。列車でいえば途中下車だった。

当時の僕は、バックパッカーと呼ばれる旅行者ではなかった。そういう旅のスタイルがあることすら知らなかった。ザックを背負ってもいなかった。肩にかけることもできる大型の鞄に衣類などを詰めていた。香港で泊まったのは、『ＦＵＪＩ』という名前のホテルだった気がする。おそらく市販されていたガイドブックのなかから、安めの宿を探しだして泊まったのだと思う。当時はまだ『地球の歩き方』も存在していなかった。あとで知ったのだが、この頃、欧米をフィールドにした『地球の歩き方』の原型らしきものが生まれていたらしい。しかし当時の香港は、商店街の福引で当たったり、成績のよかった販売店の主人が招待されるような街だった。香港とハワイは、日本人には知られた海外だったが、バックパッカー風の旅には無縁な土地だった。『地球の歩き方』のラインナップに香港が加わるのは、それから数年後のことである。

『ＦＵＪＩ』という、いかにも日本人ツアー向けのホテルは、九龍(ガウロン)半島側の尖沙咀(チムサーチョイ)にあった。裏通りから石段をのぼったところにあったような気がする。古いホテルだったが、ドアボーイのおじさんがいて、朝、ホテルを出ようとすると「グッドモーニング・サー」といわれた。

「サー」

という語尾に緊張した。香港はまだイギリスの植民地だったから、ドアボーイもたが、僕はアルバイトに明け暮れる一介の大学生だったから、やはり照れくさかった。

香港ではさしたる目的もなかったから、ただ、ただ、街を歩いていた。スターフェリーに乗り、ビクトリアピークにものぼった。夜はいつも、九龍半島の南端の埠頭から、香港島の夜景を眺めていた。アヘン戦争に勝ったイギリスは、一八四二年の南京条約で香港島を手に入れた。その後、九龍割譲、その北側に広がる新界を租借……イギリスの植民地は北に広がっていく。しかし最初は香港島だけだったのだ。当時の香港島は平地がほとんどない山だけの島だったという。その報告を受けたイギリス本国は、「そんな島を植民地にしてどうするんだ」と怒ったという。だがこの島は、イギリスが中国に進出していく前線基地だった。

香港はやがて時代のうねりのなかで翻弄されはじめる。日本占領時代を経て、再び香港を植民地化したイギリスだったが、中国では中華人民共和国が成立し、イギリスの政策も「温情ある専制」といわれた統治にトーンダウンしていく。そのなかで香港島の少ない平地にビルが増え、埋めたてが進み、またそこにビルが建つという経済成長を迎えるのだ。やがて香港人のひとりあたりのGDPはイギリスを凌いでしまう。香港島のビル群は、百万ドルの夜景とまでいわれるようになっていった。

九龍半島の南端から香港島の夜景を眺めることが好きだった。植民地だというのに、香港人はこれだけの経済圏をつくりあげてしまったのだ。生暖かい香港の風に吹かれながら夜景を見あげていると、増水した水に流されながらも、気がつくと川縁に根を張っているガジュマルのような生命力を感じとることができたのだ。

それからも何回か香港に足を運んだ。宿に荷を置き、真っ先に向かう場所が九龍半島の南端埠頭だった。

「また香港に来た」

どこか自分の居場所に戻ってきたような気がした。

あの頃、いつも鞄のなかに忍ばせていた本があった。山口文憲の『香港 旅の雑学ノート』(ダイヤモンド社)だった。カバー裏に、

――ネオンサインと看板の考察はしますが、グッチやオメガの話はでてきません。

と書かれた本だった。当時の日本は、高度経済成長からバブル経済へと続く時期だった。いまの中国人のように、日本人は香港でブランド品に目の色を変えていたのだ。そういう世界には縁のない性格だったから、路上にせり出した看板から、香港人の色への嗜好を考察するこの本の世界が性に合った。

そのなかに見開きを使って、香港島のネオンサインをスケッチしたページがあっ

た。それを見ると、『CANON』『東芝』『味の素』『NEC』など、日本企業のネオンが連なっていた。なかでも『ぢ』という一文字のネオンは、日本人の誰もが目を留めた。この本によると、このネオンサインは横十メートル、縦十二メートルもあったそうである。

僕もこのネオンサインをぼーっと見あげていたわけだ。

重慶マンションに分け入ったのは三十歳のときだった。きっかけは香港ではなく、中国だった。当時の中国旅行は、パッケージツアー型しか許されていなかった。しかしバックパッカーの間では、香港に行けば、中国を個人として旅ができるビザをとることができるという情報が流れていた。

大学をなんとか卒業した僕は、ある新聞社に就職した。しかし学生時代、ひとりでふらふらとアジアを歩いた血のようなものを抑えることができず、三年ほどで会社を辞め、ヨーロッパからアフリカ、そしてアジアの空を眺める旅に出てしまった。その期間は一年近くになり、その間に、僕はバックパッカーの旅を身につけてしまっていた。

日本でもバックパッカーという旅のスタイルが知られるようになっていた。ブームになるのはしばらく先だが、僕がはじめて香港に向かったときから八年が過ぎ、

Panasonic
TOSHIBA
MIDTOWN

日系企業のネオンサインが減った香港島の夜景。時代の流れ、感じます

日本人の若者の旅のなかにもこの旅が定着しはじめていた。

バックパッカーの旅はパッケージツアーとは別物だった。ひとり旅が基本だった。そして彼らの心理のなかには、旅をしにくいエリアや、誰も旅したことがない辺境をめざす因子があった。中国を自由に歩くことができる……この話は、バックパッカー心理を刺激した。

これは中国がとくに嫌った和平演変（わへいえんぺん）が要因である。和平演変というのは、もとはアメリカの学者が提案した手法だった。政治的な宣伝や経済支援、文化交流などによって、社会主義国を自由主義化させていくというものだった。そのなかに個人旅行者も含まれていた。勝手にさまざまなエリアに入り込む個人の旅行者は、先々で中国人と接し、自由主義国の情報や習慣などを伝えてしまうからだった。日本からの旅行が、パッケージツアーに限られていたのはそのためだった。日程はぎっしりと詰められ、ホテルやレストランも外国人専用だった。

しかし中国がその方針を貫くことができなかったのは、経済的な理由だった。餓死した人が少なくとも二千万人にも達したといわれる大躍進政策、そしてそれに続く文化大革命で、中国経済は疲弊していた。そこで外貨をとり込むために、世界に散らばる華人の資金に頼ろうとする。華人に限り、中国内の個人旅行を許可し、彼らが持ち込む外貨を得ようとしたのだ。

しかしそこで華人問題にぶつかる。もとは苦力（クーリー）という貧しい単純労働者として世界各国に渡った中国人だったが、現地に根づき、なかには成功を収める者もいた。多くが現地の国籍をとっていったが、その国籍は世界に散らばっていた。特定の国の華人に個人旅行用のビザを出すことが難しかったのだ。

そこで中国は香港を使った。香港に限って個人用のビザを発給することにしたのだ。その話に、左目の上あたりの筋肉がぴくりと動いてしまうのがバックパッカーだった。個人では自由に旅行できないといわれる中国を、勝手に歩くことができる……。世界のバックパッカーは色めきたち、香港行きの飛行機に乗り込むことになるのだ。経済的な苦しさのなかで、中国が華人に開いた個人旅行用のビザにすりすりと近寄り、そのおこぼれをいただくように、華人とは縁がまったくない欧米人や日本人が、ひとり、またひとりと、個人でビザを手にしていったのだった。

僕もその流れに乗ることにした。事前の情報では、尖沙咀にある中国系の旅行会社に出向けばいいようだった。古いビルの二階にその旅行会社はあったが、そのカウンターで重慶マンションに行くようにいわれた。そして何軒かのゲストハウスを紹介された。

「ゲストハウス？」

「うちのスタッフが、重慶マンションのゲストハウスをまわっているので、そこで書類に書き込んでください」

いわれるままに重慶マンションに入った。

重慶マンションは、ネイザンロードとイギリス風の名前でも呼ばれる彌敦道(ネイトンドウ)に面した大きなビルである。ここにゲストハウスがあることは知っていた。教えられた何軒かのうち、七階にあるウェルカムゲストハウスに行ってみることにした。

エレベーターで昇ると、七階のフロアには、何軒かのゲストハウスがあった。右手のいちばん奥に、その宿があった。ドアが開けられ、そこにある椅子にふたりの欧米人が座っていた。どちらも書類が挟まれたバインダーを手にしていた。なかに入ると、宿の主人らしき人が僕にもバインダーを渡してくれた。それが華春發(ホアチュンファ)さんだった。彼とはその後、長いつきあいになるのだが、そのときは薄汚い重慶マンションのなかにあるゲストハウスのおじさんにしか映っていなかった。

渡された書類は姓名や年齢、国籍などを書く欄からはじまっていた。一瞬、ゲストハウスに泊まる書類かと思ったが、僕は宿代すら訊いていなかった。

「ビザ？」

華さんはにっこりと笑った。書類を書き終え、パスポートと写真を一緒に渡した。香港らしい空間だった。中国への個人旅行の窓口がこの街につくられたのも香港ならではだったが、それをゲストハウスの客に結びつけてしまうのも香港だった。ビザの手続きを受けもつゲストハウスは、それなりの金を旅行会社に払っているはずだった。こういうカラクリが一気にできあがっていく街だった。

結局、このウェルカムゲストハウスに泊まることにしてしまった。そしてここで、広州までの列車の切符も買った。なにか彼らがつくったレールにしっかり乗せられている気がしたが、特別にマージンを乗せているわけではなかった。列車の切符を受けとると、そこに書かれていた金額は、華さんが口にした金額と同じだった。彼は一銭のマージンも受けとっていなかった。

いまにして思えば、これが香港だった。ほかのアジアの国々の人のように、露骨にぼることはしない。ゲストハウスの部屋は狭かったが、それなりに清潔だった。重慶マンションは彌敦道に面し、尖沙咀の地下鉄駅もすぐ近くだった。そこそこの満足感を与えてくれるのだ。宿代を払うことですべてがまわっているのだが、客はなんとなく納得してしまう。そのなかで、しっかり利益をあげていく。これが香港のやり方だった。

広州に向かう日になった。いまは紅磡(ホンハム)駅というが、当時はまだ九龍駅と呼んでいた気がする。切符を手に、改札の列に並んでいると、背後から声をかけられた。振り返ると、華さんが立っていた。手には二十ドル札が握られていた。

「もう一度、計算したら、二十ドル多くもらっていたんです。すいません」

彼は紙幣を差し出した。二十ドルというのは、当時のレートでどれほどだったただろうか。たしかな記憶はないが、日本円にすると二、三百円だった気がする。僕はビザや宿泊代、列車の切符の代金をまとめて払ったが、その合計額は五百ドルを超えていた。そのうちの二十ドルのために、華さんは重慶マンションからバスに乗って九龍駅までやってきたのだ。いや、中国を歩いたあとにまた香港に戻ってくることを彼に伝えていたはずだった。二十ドルはそのときに返してもいいのだ。

二十代の半ばから、僕は何回も旅に出ていた。行く先々でぼられていた。そのつど、悔しい思いをしたが、回を重ねるうちに、僕の旅の日常のように織り込まれたことでもあった。代金をもらいすぎたといって、あとで返してもらった体験は一度もなかった。それもわざわざバスに乗って……。

それ以来、僕は重慶マンションのウェルカムゲストハウスに泊まるようになった。

当時の重慶マンションは、中国行きの個人ビザ発給センターのような様相だった。

A座の７階に降りるとこの看板。はじめて泊まった30年ほど前のまま

ウェルカムゲストハウスのツイン部屋。向かいはホリデイ・イン。この格差

ウェルカムゲストハウスの入口脇の小部屋には、大きなザックがいくつも積んであった。どれも中国に向かった旅行者が置いていったものだった。再び香港に戻ってくるので、それまで置いてもらっていたのだ。その前にいつも座っていたのが、華さんの父親だった。すでに七十歳を超えていて、いつも黄色いお茶を飲んでいた。

「これは体にいい」

僕が宿に戻ってくるたびにごちそうしてくれた。

華さんの父親は船員だった。故郷は上海。船で香港との間を往き来しているなかで香港に足場をつくり、社会主義化した中国を脱出した。

「私が香港に住む父親から呼ばれたのは五歳のとき。母と一緒に列車に乗って香港まで。何日もかかりました」

父親が香港でどんな仕事をしていたのかは話してくれなかった。雑多な仕事で糊口をしのいだのだろうか。少しずつ貯めた金で、重慶マンションを手に入れたのかもしれない。このマンションはもともと、居住用のアパートだった。父親と華さん一家が住んでいたのは十四階だった。

やっと香港の居場所が重慶マンションのなかにみつかった気がした。香港のホテルはパッケージツアー用が多く、僕のような旅行者が入り込む宿は少なかった。しかしこの建物は、香港に住む人々にとってはあまり近づきたくはない存在であることをすぐに知ることになる。あるとき、香港在住の日本人が書いたこんな文章を目にした。

――重慶マンションは危険なので、その前を足早に通りすぎた。

なにか犯罪の巣窟、いやアヘン窟のようないわれ方だった。スラムビルとでもいったらいいだろうか。僕がはじめて香港に行った頃、かつての啓徳空港の近くに九龍城と呼ばれる一画があった。以前はアヘン窟だったと教えられた。アヘンを吸うと歯がボロボロになる。歯医者が多いのはそのためだといわれた。実際は、中国から逃れた難民が住みついた一画だった。僕も少しだけなかに入ってみたが、まさに迷路だった。「一度入ったら出てくることができない」ともいわれた。その九龍城と重慶マンションを重ね合わせている節すらあった。観光にかかわる人々の間では、彌敦道という繁華街のど真んなかに、こういうビルがあって実に迷惑をしていると いう空気まで伝わってきた。

ちょうどその頃だろうか。『恋する惑星』という香港の映画がヒットした。重慶マンションが舞台にもなっていると聞いて、ビデオを借りてみた。挿入されるフェイ・ウォンの歌声が伸びやかだった。新しい感覚の香港映画は心地よかったが、そのなかで使われる重慶マンションはひどい扱いだった。汗の饐えたにおいが漂ってきそうな小部屋に、インド人やバングラデシュ人が蠢いていた。香港の庶民生活というより、危険なビルというイメージが伝わってきた。

香港に滞在するたびに重慶マンションに泊まっている身としたら、どこかぴんとこないイメージだった。しかし映画の影響は強いようだった。日本から香港にやってきた若い女性の観光客は、映画に登場したセントラルとも呼ばれる中環のエスカレーターにも乗るが、重慶マンションにも姿を見せた。

あれはいつ頃だったか、重慶マンションから彌敦道の歩道に出ようとすると、そこに日本人女性三人が立っていた。そして一枚、写真を撮っては、ひそひそと小声で会話を交していた。重慶マンションに入るには、三段ほどのステップをあがるのだが、決してなかに入ろうとはしなかった。

「あ、インド人が出てきた」

「日本人もいるんだ。こういうところにいる日本人って、どういう人なの?」

「きっとやばい仕事にかかわっているんじゃない?」

これは僕の想像だが、そんな会話が交わされてもおかしくはない雰囲気だった。

こういう場に居合わせると、「大きなお世話なんだよ」と毒づきたくもなるのだ

彌敦道で存在感を放つ重慶マンション。
浮きたつような古さがたまらない

が、反発したところで会話にもならないことはわかっていた。

いまでも若い日本人女性に、香港のイメージを訊くと、ビクトリアピークからの夜景や本場の広東料理といった定番の先に、「ちょっと怖いところ」という言葉が添えられる。街の猥雑(わいざつ)さや蛇頭(じゃとう)と呼ばれるヤクザなどから連想されるイメージなのかもしれないが、その一翼を担っている建物が重慶マンションであることはたしかだった。

これだけ泊まっていながら、その場を一度も目撃していないのは不思議なのだが、マリファナや覚醒剤といったドラッグ類を隠し持っている宿泊客がいることは事実のようだった。あれは午前四時ぐらいだったか、突然、激しくドアをノックする音で起こされたことがあった。なにごとか……とドアを開けると、制服を着た警察官がふたり、勢いよく入ってきた。パスポートの提示を求められた。警察官は僕のパスポートを見ると、「すいませんでした」といい残して部屋を出ていった。すぐに隣の部屋のドアを叩く音が聞こえてきた。通報があったのか、あるいは一斉の手入れなのかはわからなかったが、ドラッグを持つ客をみつけようとしているようだった。

翌日、華さんに聞くと、

重慶マンション近くのコンビニは、飲んだくれアフリカンの酒場と化している

「最近、アフリカ人が多くなってきたからねぇ」

と困ったように笑うだけだったが。

重慶マンションのゲストハウスほど、時代によって客層が大きく変わっていく宿は多くないはずである。中国への個人旅行者のビザセンターと化した時期は三、四年続いただろうか。あの頃は欧米人の宿泊客が圧倒的に多かった。

もともと、インド人やバングラデシュ人、ネパール人が目につく建物ではあった。香港はイギリスの植民地だったから、かつてイギリスの植民地だった国の人々は、比較的簡単に入国できるという話を聞いたことがあった。しかし彼らのフィールドは一階と二階の店や重慶マンション前の歩道だった。一階と二階には、インド料理屋や雑貨屋、イスラム系の人々のための食堂や食材店がひしめいているのだが、彼らはそこで働いていた。歩道の上に立っているのは、もっぱら客引きである。ゲストハウスの客引きや、「ニセモノ時計」売りが主な仕事だった。

空港からのバスが到着するバス停は、重慶マンションの斜め前にあるのだが、彼らはそこでたむろし、バスを降りた客に、まとわりつく。それぞれゲストハウスのカードを持っていて、「百ドルだ」「いや九十ドル」「ホットシャワーも出る」「三人部屋もあるぞ」とインド人らしい巻き舌英語で誘うのである。いつものこととは思いながら、そのしつこさには辟易としてしまう。僕は七階のウェルカムゲストハウスと決めていたから、「もう予約してある」などといいながら振り切るのだが、なにも知らずに重慶マンションにやってきた旅行者のなかには、彼らの餌食(えじき)になる人もいた。彼らについていって、それほどひどいことにはならないのだが、連れていかれる宿は、だいたいいい値より高くなるらしい。重慶マンションはA座からE座とアルファベットがふられた五棟の建物が、なんだかよくわからない位置関係で建っている。そのなかに、いったい何軒のゲストハウスがあるのか、僕は数えたことがないのだが、客引きに連れられて辿り着くゲストハウスの受付にいるのは、だいたいがインド系の男である。

「その料金の部屋は満室ですね」

と高い値段の部屋に誘導する。それを断ると、客引きは目を白黒させながら、階段をのぼって別のゲストハウス……。こういうことを繰り返すことが多いという。暑い重慶マンションのなかで、これだけ労力を使いながら、彼らはいったいどれほどの香港ドルを手にするのかと思うと、少し気が遠くなってくる。

彼らはどこで寝泊まりしているのだろうか。重慶マンションのなかは、魑魅魍魎（ちみもうりょう）の世界だから、彼らが寝る場所はきっとどこかにあるのだろう。

その後、中国への個人旅行組はしだいに減っていった。中国が先進国からの旅行者のビザを免除しはじめたからだ。外国人が立ち入ることができないエリア、つまり未開放の土地は残されていたが、中国の経済レベルがそれだけあがってきた証しでもあった。外国人と接しても、和平演変は起きないという自信が生まれたのかもしれない。

代わってゲストハウスを埋めたのは、アフリカからやってきた人々だった。ナイジェリア人が多いという噂だった。彼らは香港で衣料品を買いつけ、それを本国に送って稼いでいた。はじめのうちは、店頭で売っているものをアフリカに送っていたようだが、しだいに本国から注文を受け、それを香港の業者につくってもらうという進化を遂げていった。ビジネスっぽくなってきたわけだ。香港はもともと、そういうビジネスで利鞘（りざや）を稼いでいたわけだから対応も早かった。そんなアフリカ人たちの住居兼オフィスが重慶マンションだった。ベッドをひとつ置くと五十センチほどのスペースが残るだけの狭い部屋で、彼らは金を稼いでいたのだ。

重慶マンションのゲストハウスは、新しい客層をみつけたのだが、そこでひとつの障害にぶつかった。それは彼らの体重だった。重慶マンションを根城にするアフリカ人の体格はとにかく立派で、男も女も百キロ級の巨体のもち主ばかりだった。彼らがどれほど太っても、僕には関係ない……というわけにいかないのが重慶マンションだった。問題はエレベーターだった。

先に書いたように、重慶マンションはA座からE座まである。それぞれ十六、七階建てである。すべての建物の最上階まであがったことはないが、そのくらいの高さはある。その建物に対して、エレベーターが各棟二基しかない。といっても、その二基は、奇数階行きと偶数階行きに分かれている。つまり、各階には一基のエレベーターしかないことになる。そしてそのエレベーターが狭いのだ。

建てられたときは住宅用だったから、これでもよかったのかもしれないが、その

A座の１階、エレベーター前。いつも係員が、ここで重量調整を行う

後、雨後の筍（たけのこ）のようにゲストハウスに変わっていった。ウェルカムゲストハウスのあるA座の七階には、八軒のゲストハウスが営業している。それぞれ小さな部屋をつくり、トイレとシャワーは一メートル四方ほどの部屋に押込まれ、シャワーを浴びると便座が水びたしになる。トイレットペーパーを便座の横にとりつけると濡れてしまうために少し高いところにとりつけてある。ゲストハウスによっては、ドミトリーもある。部屋に何台もの二段ベッドを置いているのだ。つまり、重慶マンションの人口密度はかなり高いのだ。その結果、エレベーターがすぐに満員になってしまうことがよく起こる。

ウェルカムゲストハウスは七階だから、その苦労を、これまで数えきれないほど味わってきた。七階から一階に降りようとしても、十一階あたりで満員になってしまうのだ。

以前のエレベーターは旧式で融通が利いた。人がぎっしり乗っていても、なんとか体を押し込む。すると重量オーバーのブザーが鳴るのだが、重慶マンションのエレベーターに慣れた客は少しも慌てなかった。乗っている人たちが、少しずつ足の位置をずらすのだ。どこかに重さを感知するセンサーがあるようで、体重がかかる部分が少し移動するとブザーは鳴りやみ、ドアがスーッと閉まることがあった。十人を超える客でこの少し移動をするのだが、それでもブザーが鳴りやまないときは奥の手があった。エレベーターのボックスの上部には棒状の蛍光灯が光っていた。そこにカバーがついているのだが、腕力に自信のある男性がそこに手をかけてぶらさがるのだ。足が床から離れると、嘘のようにブザーが鳴りやんだ。乗客同士、互いに目配せをしながら、

「これで一階まで降りることができる」

と胸をなでおろすのだった。エレベーターの構造については詳しくはないが、重慶マンションのそれは、重量センサーが床下についている気がする。ドアが閉まり、

エレベーターが下降をはじめると、ぶらさがっていた男性が床に足をつけても、もうなんの問題もなかった。

しかし重慶マンションの管理組合は、さすがにこれでは危ないと思ったようだった。そこで居住者やゲストハウスから金を集め、満員になると通過するというシステムを導入した。その頃、ウェルカムゲストハウスの華さんは、管理組合にかかわっていた。金を集めることが大変だとこぼしていた記憶がある。

このシステムはさらにハイテク化が進み、途中階で満員になると、各階のエレベーターのボタンのところに「満」という文字が光るようになった。満員という意味だ。

七階のエレベーターの前に立ち、壁の押しボタンのところを見つめる。「満」となれば、そのエレベーターは停まらなくなった。

しかしこのシステムが、七階など途中階のゲストハウスの宿泊客を苛立たせることになる。エレベーターは、二回、三回と通りすぎてしまい、いつまでたっても乗ることができないのだった。

エレベーターは地上階から昇りはじめ、七階でドアが開く。降りる人がいるからだ。そしてドアが閉まり、十五階まで達して降りはじめる。と、十三階あたりで、もう「満」がついてしまう。それを繰り返し見ているうちに、ふっと頭のなかの回路がつながる。

（どうせ上階で「満」になってしまうのだから、まず昇りのエレベーターに乗ってしまおう。いったんは最上階まで行くものの、そのまま乗っていれば一階まで降りることができる）

エレベーターは重量を感知し、満員になると通りすぎるというシステムを備えているというのに、押すボタンはひとつだった。昇り降りの区別がないのだ。そこにつけ入るような作戦だった。

しかし後ろめたさもあった。こういうことをすると、エレベーターはさらに混みあい、「満」になる可能性がさらに高くなってしまうのだ。

（いや、待てよ。重慶マンションはそれを見込んで、ボタンをひとつにしているのではないか）

そんな牽強付会も頭をもたげ、七階から昇りのエレベーターにすっと乗り込んでしまった。

人間というものは誰しも同じようなことを考える。途中階から乗る人は、まず昇りエレベーターに乗るということが重慶マンションの不文律になっていった。

しばらく平穏な時期が続いた。しかしその安穏を崩したのがアフリカ人だった。重慶マンションのエレベーターは最大で六百キロまで、人数で八人までと記されていた。ひとり七十五キロの体重計算である。アジア人が多いときは十人ぐらいまで乗り込むことができた。ところが体重百キロ、百二十キロという巨漢アフリカ人が乗るようになり、六人も乗れば重量オーバーのブザーが鳴るようになってしまった。一階で乗り込むときにすでにブザーが鳴り、ひとり降り……などと調整して昇りはじめるものの、その途中階で「満」がつくようになってしまった。運よく七階で降りる人がいれば、ひとりぐらいなら乗り込むことができたが、アフリカ人が根城にする宿は九階より上に集まっているようで、昇りのエレベーターが七階で停まる確率が低くなってしまったのである。もちろん、降りるエレベーターは十五階、十三階あたりで「満」になってしまう。

その頃だろうか。階段を降りるという選択肢が頭をもたげてきた。七階だから意を決することができるのだが、この階段がまた曲者だった。

はじめて重慶マンションに泊まった頃に昇りのエレベーターに乗る技も知らず、階段を降りたことがあった。二階まではなんの問題もなかったのだが、その先がなくなってしまった。さて……どうしたものか、と見渡すと通路があった。そこを進むと観音開きのドアが見えた。

「あの先に階段があるのか……」と扉を押すと、足が止まってしまった。目の前にテーブルがあり、人々が飲茶をしていたのだ。新聞を読みながら点心を食べていた客がふいに視線をあげた。

（なんだ？　おまえは）

そんな目つきだった。

そういわれても困るのである。僕はただ、階段を降りてきただけなのだ。二階に飲茶の店があることは知っていたが、階段を降りていくと、その店内に入ってしまうとは知らなかった。

僕のように飲茶の店に入ってきてしまう重慶マンションの宿泊客は何人もいるようだった。観音開きのドアの前で呆然とする僕に、店員が、「あっちだ」と指さした。そこは店の正面の入口だった。僕はすごすごと店を出るしかなかった。

あの頃の重慶マンションの二階がどういう構造になっていたのか、いまだによくわからない。しかし、そんな体験をした夜、部屋のベッドに横になりながらふと不安になった。もし火事が起きたら、どうするのだろうか。エレベーターが使えないとしたら、階段を降りるしかないのだが、飲茶の店が閉まっていたら、ビルの外に

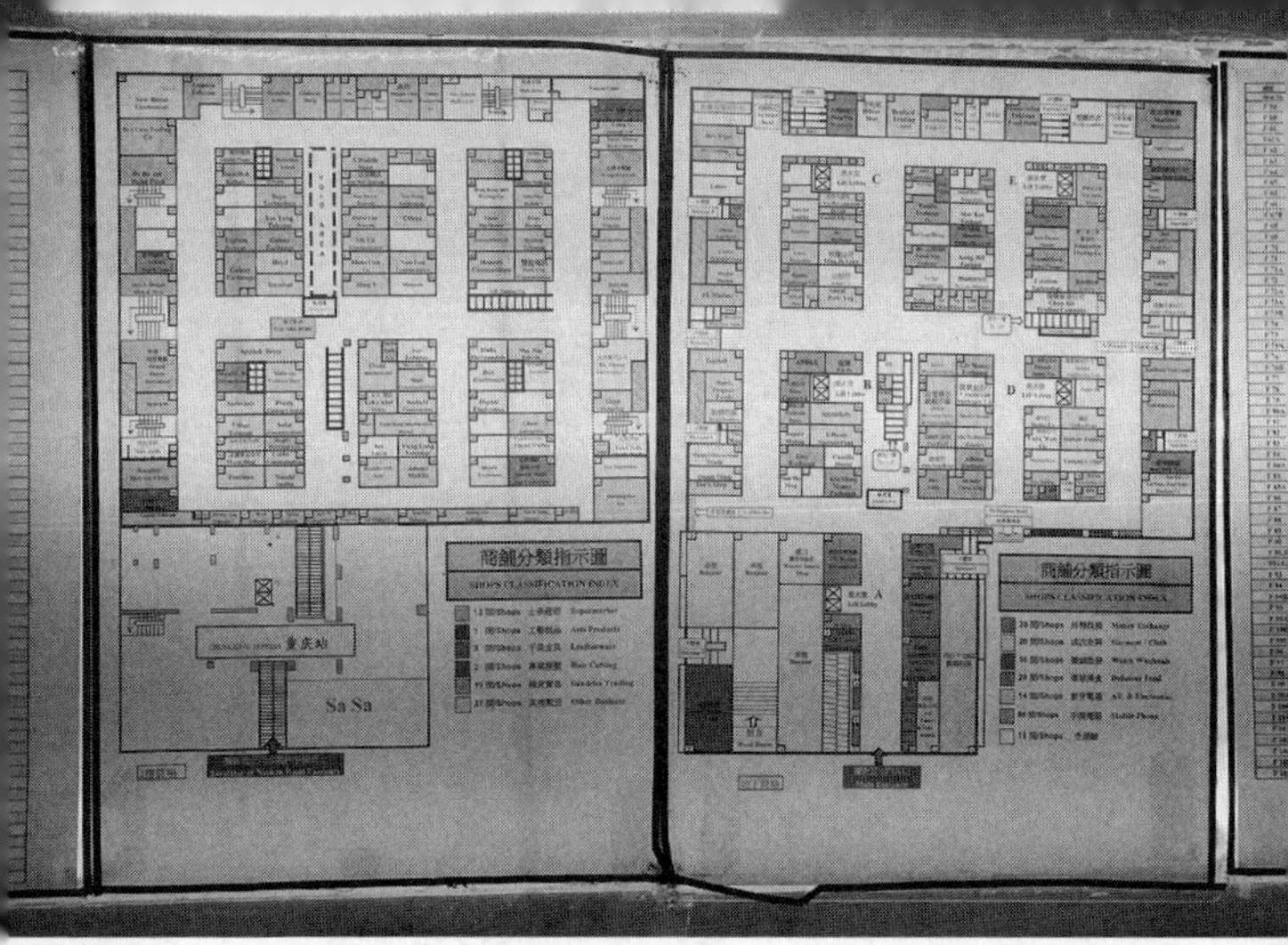

重慶マンションの１、２階の案内図。一応、こういうものもある。役にはたたないが

出ることができないではないか。

（いろいろ考えてもしかたないか）

その晩は寝てしまったが、冷静に思いめぐらせると怖いことだった。重慶マンションでは何回か火災が起きていることを知ったのはその後だった。

それからしばらく、階段を使って一階まで降りることはなかった。しかしあるとき、重慶マンションに泊まった知人と階段の話をしていると、こういわれた。

「下川さん。なにをいってるんですか。ちゃんと階段で一階まで降りれますよ。ただ二階で一回、外に出ないといけませんが」

「外に出る？」

「そう。横にある建物の屋上のようなところを歩くんです」

次に泊まったとき、階段を使ってみた。たしかに二階で、いったん屋外に出た。十メートルほど歩くとドアがあり、そこを通ると階段になった。降りていくと、A座の脇の路地に出た。いや、あの階段はB座の階段？　重慶マンションの見取り図はどうしてもうまく描けなかった。どれだけ泊まっても、迷宮なのである。それでいて、気がつくと少しずつ進化していた。

この二階の屋上通路は、その後も少しずつ整備されていった。はじめて通ったときは、壊れたソファやベッドが積みあげられ、雨晒し（あまざらし）になっていた。粗大ゴミ置き場のようだった。本来は通路ではない屋上を、宿泊客が増えてエレベーターに乗りきれない客のために開放したのだろうか。

アフリカ人が多くなり、階段を使うことが多くなると、通路には屋根がつけられ、周囲に散乱していたソファやベッドも消えていた。

二〇一四年、やはり階段を使って二階まで降り、屋上通路を歩いて、再びビルのなかに入った。一階に降りる階段に足をかけたとき、ふと右手を見ると、そこに観音開きの扉があった。

（こんなところに扉があっただろうか……）

２階屋上通路は屋根付きに。ここまで整備されるのに10年以上かかった

２階通路には犬もいる。足が１本ないことが気にかかるが……

昔の記憶が一気に蘇ってきた。これは以前、飲茶の店に入ってしまったときの扉ではないか。通路を歩いたような記憶があるのだが、なにかの思い違いだろうか。胸騒ぎがした。そこには飲茶店がないことはわかっていた。では、扉を押し開けた先にはなにがあるのか。

……またしても立ちつくしてしまった。ショッピングセンターに出てしまったのだ。ちょうど昼どきだった。左手には『大家楽（ダーイカーロック）』があった。香港のファミレスといわれるチェーン店で、入口には長い列ができていた。右手には携帯電話屋や時計店が連なっている。エスカレーターで下に降りていった。そこでまた悩むことになる。そこはショッピングセンターの二階だったのだ。僕は重慶マンションの二階の扉を開けた。そこは隣のショッピングセンターの三階だったのだ。再びエスカレーターに乗ると、彌敦道の歩道に出た。振り返ると重慶マンションは右手にあった。かつての飲茶店は重慶マンション内にあった。では、いま通った扉とは違う扉だったのか。

記憶が混乱していた。

重慶マンションとは、アメーバのように姿を変えるビルなのか。いや、そんなことはあるまい。

重慶マンションの1階。上から眺めると整然としているが、下に降りるとカオスです

最近、ときどき思うのだが、重慶マンションのエレベーターが「満」になる頻度が減ってきた気がする。アフリカ系の人々の数が少なくなってきたようだ。彼らに代わって、ゲストハウスを埋めつつあるのは、大陸からやってきた中国人たちである。家族連れや女性の友だち三人ほどで香港にやってきた人が目立つ。皆、キャスター付きのスーツケースを引き、一階のエレベーターの前あたりに集まっている。ウェルカムゲストハウスでも、ときどき中国人を見かけるようになった。重慶マンションのゲストハウスの壁は薄いから、彼らの声がよく聞こえる。相変わらず、中国人は声が大きい。重慶マンションは新しい客層を得たということだろう。いや、香港と中国の関係を考えれば、インド系から欧米人、アフリカ人に変わって最後が中国人ということかもしれない。

ウェルカムゲストハウスの華さんはいま、このビルのなかにいない。宿の掃除や管理をしているインドネシア人の女性はこういった。

「パパは上海。もう帰ってこないと思うな」

華さんはいつもパパと呼ばれていた。

「最後には上海に帰ったか……」

思いは複雑である。

重慶マンションに泊まる最初の夜はいつも、それが儀式であるかのように、九龍半島の南端埠頭に向かう。重慶マンションからは歩いて五分ほどの近さである。生暖かい風に吹かれながら、ビクトリア湾越しに香港島の夜景を眺める。日本企業のネオンサインはずいぶん減ってしまった。いつ頃からか『ぢ』のネオンサインも消えてしまった。いまは韓国系や中国企業のネオンサインが目立つ。香港は転がる石のように、いつも変わっていく。

とぼとぼと重慶マンションに戻り、A座のエレベーター前の列につく。十五階まで上がったエレベーターは、「満」を点灯させて降りてくる。

二回ほど最上階との間を往復するエレベーターを眺め、やっと乗ることができたエレベーターで七階に向かう。ウェルカムゲストハウスの狭い部屋に入り、ベッドに横になる。窓には尖沙咀の派手なネオンの明滅が映っている。香港が中国に返還された翌日も、僕はこの窓から香港を眺めていた。激しい雨が降り続く晩だった。

このベッドに横になると、なぜか落ち着く。香港という街に抱かれたような気分になる。

これから僕の香港を書き込んでいくことになるが、そのなかで、しばしば重慶マンションが登場するはずである。

一等地ゲストハウスの便利さに浸る

重慶（チョンキン）マンションへの思い入れをすべて省き、このビルを評価してみる。どうしてもひいき目になってしまうのかもしれないが、このビルのゲストハウスは本当に便利だと思う。

まず圧倒的な地の利のよさだ。地下鉄の尖沙咀（チムサーチョイ）駅の入口まで歩いて三分ほど。尖沙咀駅は地下で尖東（チムトン）駅にもつながっている。雨が降っていても、小走りで駅に向かえば、ほとんど濡れずにすむ距離である。もっともエレベーターに費やす時間を考慮すると、部屋から地下鉄までは十五分といったところだろうか。ここがつらいところだが。

スターフェリー乗り場までは七、八分。マカオ行きのフェリーが出航する中（チョン）港城（ゴンセン）も徒歩圏内にある。

ゲストハウスがこれほどの一等地にある街は珍しい。ゲストハウス街というものは、だいたいが中心街からちょっとはずれたエリアに発達するものだ。

香港のデベロッパーにしてみたら、この重慶マンションを買い上げて、上階にはホテルがあるショッピングモール……などと考えるところだろうが、この建物は各スペースが分譲されている。転売も何回となく繰り返されてきたはずだ。権利関係も入り組んでいる気がする。一棟を買い上げるにしても膨大なエネルギーがいるのだろう。重慶マンションの歴史が、再開発の波を食い止めているということにもなる。

一階の入口には、何軒もの両替店が店を出している。おそらく香港で最もレートがいいのがここだと思う。一時は恒生（ハンセン）銀行のほうがレートがいいという時期もあったが、いまとなっては昔語り。一般の観光客の間でも、重慶マンションの両替店のレートがいいことは知られている。建物の奥までは行きたくないが、入口なら……と地下鉄に乗って、両替にやってくる人も多いらしい。重慶マンションに泊まっていれば、そんな苦労はないわけだ。

重慶マンションの一階と二階には、さまざまな店が入っている。インド系のカレー屋に存在感があるが、その間に挟まれるように洗濯屋もある。香港は暑くて湿気の多い時期が長い。外を歩くと、衣類は汗にまみれてしまうから、この洗濯屋は重宝する。料金も重慶マンション価格である。朝に出せば、午後には仕上がっていることが多い。奥にはコインランドリーもあるが、なぜか人気薄。洗濯屋のほうが安いからだ。

僕は左奥にあるインド人のじいさんがいつも座っている雑貨屋で、水や菓子などを買うことが多い。ここで店を構えるインド人は、重慶マンションの客に鍛えられたのか、誠実な商売人が多い。インド人の顔を見ると、どうしても身構えてしまうのだが、ミネラルウォーターの値段を訊くと、「五ドル」といった返事が返ってくるからほっとする。約七十円である。このじいさんも控えめだ。こんな気弱なインド人を見たことがない……というほどだ。見た目はいかついのだが。

コンビニでいろいろ買うよりも、重慶マンションの一階雑貨屋を使ったほうがかなり安くあがる。難点は菓子類などもインド製になることだ。ピーナツを買うと、香辛料がたっぷりとまぶしてあったりする。まずいわけではないが、香港の味に慣れた舌には刺激的だ。

重慶マンションの一階は酒類も豊富だ。ほとんどがインドから持ち込まれたビールやウイスキー、ラムなどだが、これもかなり安い。そして夜ともなると、店員や重慶マンションに長く滞在する旅行者などが集まる飲み会が、自然発生する。インド人が雑貨屋の前で、サモサをつまみにビールを立ち飲みしている

もちろんインド料理店は多い。意外と高い。セットで頼むと800円ほど

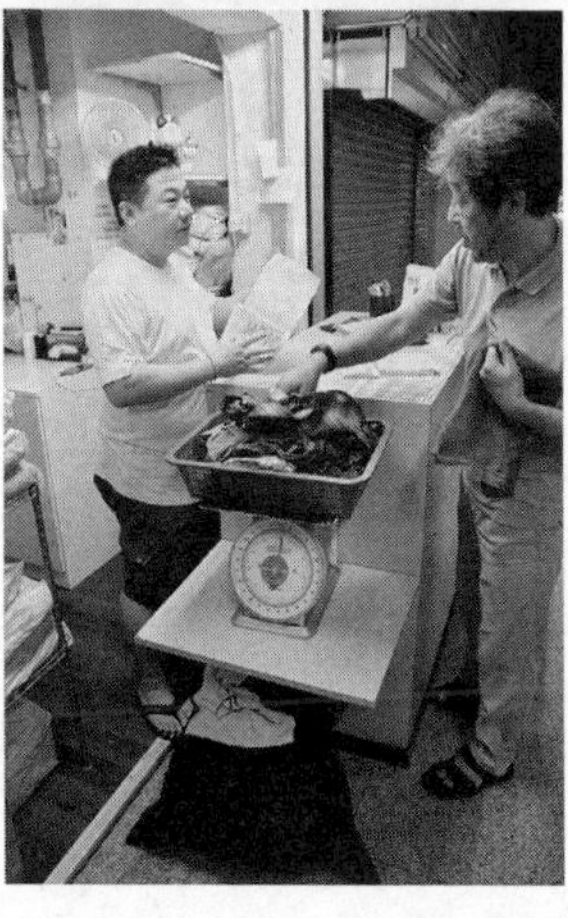

1階にある洗濯屋はときどき使う。代金は重さで決まる。部屋で乾かしてから持っていくことにしている

と、そこに友だちがやってきて……いつしか、椅子やテーブルが並ぶのだ。香港人に比べると、インド人は酒飲みが多い。そして強い酒を好む。コップや水、つまみはすぐにそろうのだが、なぜか重慶マンションの一階には氷が売られていない。近くのコンビニに氷を買いに行くのは、このビルのゲストハウスに泊まる欧米人か日本人である。

第二章　香港

山と島々

都市に隣接する
深い森と漁村

香港の自然は唐突に姿を見せる。アジアのほかの大都市では、郊外の住宅地が広がり、やがて水田や田畑が多くなり、そして森が現れる、という具合に少しずつ自然のなかに入っていく。それは日本も同じだろう。都市というものは平地に広がっていくことが多いからだ。

しかし香港の地形は、それを許さない。香港島は平地がほとんどない島である。九龍（ガウロン）半島側にしても、しばらく地下鉄に乗り、郊外の駅に降りると、駅の周りには、二、三十階建ての細長いマンションやショッピングセンターが建っているのだが、そのすぐ背後には森が迫っている。森というより山である。香港には、日本でいうところの里山というエリアがない。

九龍半島の尖沙咀（チムサーチョイ）の雑踏のなかを毎日、うろうろ歩いていると、やはり深呼吸をしたくなる。香港には取材で滞在していたことが多かったのだが、カメラマンには、夕方から自由行動ということで……などと体裁だけはとり繕って、新界の元朗（ユンロン）あたりへ向かうバスに乗ったことがよくあった。いまでは地下鉄が新界にも延びているが、三十年ほど前はバスしか足がなかった。それも二階建てや大型バスではなく、小巴（シウバー）というミニバスだった。元朗には客家（ハッカ）の村もあった。客家はもともと黄河の中流から下流にかけて暮らしていた人々だった。その後、南に移動した。質素な生活や、客家円楼という共同生活でも知られていた。周囲には田畑がつくられ、のびやかな農村風景が広がっていた。そのなかを歩くと、わさわさとした心情が静まるような気がしたものだった。

しかし香港の中心街は違った。ビルの横から手つかずの森がはじまった。たとえばビクトリアピークに登るトラムに乗ってみる。はじめのうちは香港島の高層マンションの脇を通っていくのだが、中腹あたりから周囲は家のない森になる。ときどき見えるのは、手すりのついた坂道や石段だけだ。森はなかなか深そうで、本格的な山なのである。ビクトリアピークの標高は五百五十二メートルで、日本の北アルプスのような趣はないが、海辺から一気に五百メートルの山がそびえているわけで、そこはなかなかの急斜面が続いている。

こういう環境は都市に暮らす人にはかえってありがたいのかもしれない。金融関係の会社に働き、香港島の高級マンションに暮らす欧米人が、休日に家の横から広がる森のなかを走ったり、バーベキューを楽しむイメージが浮かんでくる。郊外の田園都市をウォーキングする日本人に比べると、めりはりのきいた休日である。どこかその生活スタイルは、欧米の住環境に似ていなくもない。彼らの住宅も、手つかずの自然に接していることが多い。しかしその自然が欧米とは違う。香港のそれは、欧米に比べると湿気を含んで暑く、濃密な樹木が埋めている。

登ってみようか……。いつものように、九龍半島の南端埠頭で香港島を眺めながら考えていた。調べてみると、香港の最高峰は、九龍半島側にあった。標高が九百メートル台の山がいくつもあった。最高峰は大帽山（ダーイモウサーン）で九百五十七メートルだという。それなりの高さなのだが、山頂近くまで路線バスが走っていた。登る……という感覚ではない。それに比べると、香港島の山々は、斜面が急なのか、山頂をめざすには、登山道を歩かなくてはならなかった。やはり香港島だろうか……。香港島に連なる山々は、最も高いビクトリアピークに次いで柏架山（パーカー）の五百三十二メートル、奇力（ケレット）山の五百メートルと続いていた。最高峰のビクトリアピークをめざすべきだろうが、山頂付近にはレーダードームが備えられていて、かなり手前までしか近づくことができなかった。ということは第二峰の柏架山か。ここにもレーダードームがあるのだが、規模が小さく、山頂直下まで登ることができるらしい。

柏架山に登ることにした。

登山口の太古。繁華街からいきなり登山。香港ならではの山登り感覚

片道二、三時間の道のりのようだった。僕は高校時代、山岳部に所属していた。信州の松本にある高校だから、登る山は近くに、それこそ山ほどあった。いまでも年に一、二回は山に登っている。その感覚からすると、片道二、三時間という道のりは、ハイキングに近かった。もっとも最近は体力が落ちてきたのか、短い山道もかなりつらい。だが二、三時間なら問題はないだろう。

応えるのは暑さと湿度かもしれない。香港は一年中、湿度が高い街である。冬場に香港を訪ね、風邪を引く日本人は多い。冷房がきついのだ。冬場の香港は、セーターを着るほどの気温になるのだが、それでも冷房をかける。目的は気温を下げるのではなく、除湿だという。

日本人のなかには、香港を南洋のように思っている人もいるかもしれないが、緯度はそれほど低くない。台湾の南部あたりと同じである。だから日本の四季に似た季節感がある。タイやベトナム、シンガポールなどとは違い、温帯に属している。だから日本の四季に似た季節感がある。秋には台風にも見舞われる。その気候は海岸近くの木々を見るとよくわかる。タイやシンガポールの海岸に育つヤシの木がない。その代わりに松林が広がっている。

だから日本同様、夏はつらい。タイがいちばん暑くなるのは五月で、連日、猛暑が続くのだが、意外と過ごしやすいのは、湿度が低いからだ。しかし香港の夏にはそれがない。日本と同じように海からの湿気が街を包む。もちろん真夏日が続く。

柏架山に登ろうと考えたのは九月だった。香港は暑い湿った空気に包まれていた。登山口は地下鉄の太古（タイグー）駅の近くにあるようだった。駅を出てすぐのところにあったコンビニに入った。水と一緒に昼食も買った。サンドイッチでもよかったのだが、登山というと、なんとなくおにぎりがしっくりとくる。漢字の商品名もしっかりと確認せずにおにぎりを二個買った。

山の方向に向かって五十メートルほど歩いただろうか。『柏架山道』という標識が舗装道路の脇に立っていた。どうもここが登山道の入口のようだった。坂道がはじまった。十メートルほど進むと、そこに一台のタクシーが停車していた。その奥には鎖が渡された車止めがあり、看板が立っていた。漢字と英語の説明がある。この先は車が入ることができない公園になっているようで、さまざまな規則も書いてあった。

そこで道は左に折れ、坂道が続いていた。

香港島の平地はここまでだった。ぎりぎりのところまで二十階を超える住宅が建っていた。その脇を登っていく。ふと横を見るとゴミ箱があり、犬の絵が描かれていた。犬の散歩コースになっているようだった。糞はここに捨てるということらしい。きちんと管理された公園のようだった。その先にもゴミ箱や犬の糞捨てコーナーがいくつもあった。道は舗装されているから、ゴミの回収車は入ることができるのだろう。

スニーカーにハーフパンツ、Tシャツに首からタオル……。そんな姿の香港人が次々に下ってきた。老夫婦もいれば、子連れの一家もいた。中年男性や若い女性もいる。それぞれが、このハイキング用のウエアを用意している雰囲気だ。

たまたま登ったのは日曜日だった。週に一回、柏架山ハイキングに汗を流す、健康な香港人が、笑顔で山を下ってくる。香港人の生活が、それほど楽ではないことは知っている。中国大陸からの資金が流れ込み、不動産価格が上昇し、一般の香港人は一生働いても家は買えないといわれている。物価も高い。生活するために、大陸からやってきた中国人観光客に頭を下げなければいけない。

だから日曜日の朝の柏架山なのだろうか。ここには大陸からやってきた観光客は入り込んでこない。気温は三十度を軽く超え、湿度は七〇パーセントを上まわっているだろう。流れる汗も心地いい……といったら、少し考えすぎだろうか。

しかし暑い。三十分ほど登っただろうか。汗がぽたぽたとコンクリートの上に落ちる。道はしっかり舗装されて登りやすい。日本の山のように浮き石や滑る木の根が顔をのぞかせているわけではない。もともと、このルートに登山道があったのだろうか。山頂のレーダードームを建設するために、車用につくられた道という気がしないでもない。とにかく傾斜が急なのだ。頂に向かって直登している感覚である。二、三分登ると、息が切れてくる。カメラマンの阿部稔哉氏はなにくわぬ顔で、僕の前方五メートルほどのところを登っている。やはり体力が落ちてきている……。少し疲れが出はじめた足の筋肉を思いやるしかなかった。

急登だから、一気に高度を稼いでいる感覚があった。それはいかにも香港らしい眺めで確認できた。まだ三十分ほど登った程度だから、山脇に建つマンションの最

登りはじめはこんな感じだった。見あげるのは山ではなくビル

これが犬の糞捨て。こういうものにも香港という街を感じてしまう

上階は超えていなかった。息を整えようと立ち止まり、振り返るとそこにマンションが見える。その階を数えると十階分ほど登っていることがわかるのだ。

一時間ほど登っただろうか。バーベキューサイトのある公園に出た。東屋（あずまや）やトイレもある。ベンチに座り、コンビニで買った水をぐびぐびと飲む。反対斜面から吹き上げる風が汗を乾かしてくれる。

再び歩きはじめた。相変わらず急斜面の舗装路が続いているが、しだいに見晴らしがよくなってきた。途中から山腹の斜面をトレースするような道になった。海側を見ると、ちょうどマンションの最上階が眼下に見えた。しかしその先は、ビクトリア湾に沿って建つ高層のオフィスビルが視界を遮っている。香港島のビルより高い地点まで登るのはなかなか大変である。一時間半は歩いていると思うのだが、まだ、高層ビルを見下ろすことができないのだ。

斜面を横に進む道も終わり、再び直登する急傾斜の道になる。汗を搾（しぼ）るようにしてゆっくり登るしかない。上から下ってくる人は少なくないが、年齢はしだいに若くなってきた。シニアの散歩組は、途中の公園で引き返す人が多いのかもしれない。

しかしあの公園にしても、往復で二時間近くの道のりである。

気になる標識が登山口から続いていた。『MPK44』『MPK43』とひとつずつ減

このあたりは余裕の柏架山登山。背後のビルを見下ろす地点はまだまだ先だが

っていくのだ。

「これって香港式の標識じゃないかな。日本でも、山頂まで二キロっていった道標があるでしょ。ピークに着いたらゼロになる。ＭＰＫはマウント・ピークの略だったりして」

前を歩く阿部氏に声をかけた。疲れが少し溜まってきていた。心のなかでは、これはピークまでの番号だと決めていた。山道を歩いているとき、つらくなってくるとさまざまなことを考える。あと三十分ほどで山小屋があるんじゃないか。いや、いつも少な目に考えて痛い目に遭う。残りの行程を長めに想定して心を引き締めるタイプと、短めに見積もってすぐに辿り着くような気分になる極楽とんぼのタイプがいる。僕は後者のほうで、妻と山を登ったりすると、いつも小言をいわれる。

「あなたのいう残りの長さは、倍ぐらいに考えたほうがいいわね」

こうして原稿を書いていても、十行ぐらいがすいすい進むと、もう、本を書き終えたような気分になってしまう。自分でも単純な男だと思うが、つらくなると、楽なほうへと気持ちが傾いていってしまう。馬鹿もおだてりゃ木に登る……というやつなのだが、それでも六十歳まで生きてきた。ふたりの娘も育ててきた。こういう性格も捨てたものではないはずだ……と登山道の脇を見ると、『ＭＰＫ19』である。

登りはじめたときは四十番台の後半だった記憶があるから、もう三分の二は登ったことになる。……そこでもう水増ししている。三分の二を登ったなら、正確には道標は十五番ぐらいになっていないといけない。

「僕も最初はそう思ったんですけど、どうも違う気もするんですよ。ほら、見ると必ず小さな水の流れがあるんです。山から流れ出た水を流す配管を登山道の下に通している場所じゃないですか」

阿部氏の冷静な言葉が返ってくる。そんなことは薄々わかっていたのだ。しかしこの登山道はなかなかきつい。そういうときは、道標などではないかもしれないと疑っていても、

「そうですね。ゼロになったらピークですよ」

と口にすべきではないか。それが優しさというものではないか。

ふーっと溜息をつきながら足を止める。頂上までの三分の二までは登り詰めていないかもしれないが、三百メートルほどの高度を稼いだことはたしかだった。登りはじめたときは脇にあったマンションは、はるか下に見える。吹き上げる風が違った。急な斜面を這うような上昇気流が首筋をなでる。水分をたっぷり含んだ空気なのだろう。上昇するうちに小さな塊になってきたのか、うっすらとした雲らしきも

のも動いていく。山の斜面は、ぎっしりと木々に覆われ、その緑は濃密である。どこからか鳥の声も聞こえてくる。

下界の太古は、高層ビルが建ち並び、その間を二階建てのバスや車が走り、店の前では呼び込みの女性がチラシを配っている。太古周辺は、香港に暮らす日本人が多く住んでいる。そういえば、地下鉄の太古駅から登山口まで歩く間に、日本語を二回も耳にした。駐在員の奥さんたちだった。買い物のために、マンションから下りてきたようだった。

そこから二時間も山道を登っていないのに、完全に山のなかに入っている。それは裏山に登ったような感覚ではなかった。北アルプスに登ったときのような、どこか不安にさえなる風が吹き上げる世界なのだ。道端に高山植物が小さな花房をつけているといわれたら信じてしまう世界が広がっていた。

急な山道を一気に登った。柏架山の姿がはっきりと見えてきた。頂には白い球形のレーダードームも視界に入ってきた。

急に人の声が多くなった。しばらく登ると鞍部(あんぶ)に出た。香港島の山々は東西に頂と鞍部を繰り返すようにして稜線が続いている。僕らが出た鞍部は大風拗(ダーイフォンアーウ)と名づけられていた。拗は山の鞍部を示す意味らしい。当然、風の通り道でもある。

大風拗には東屋やトイレが設置されていた。森のなかにはベーベキューサイトもあった。この大風拗は、香港島ハイキングコースの分岐点になっていた。東屋の前には、柏架山方向のほかに、畢拿山(バトラー)や島の反対側への表示も出ていた。ここまでくれば、もう山頂は近そうだった。針葉樹のなかに刻まれた道を歩きはじめる。といっても、その道も舗装されているのだが。

大風拗を離れると人の姿も消えてしまった。日曜ハイキングでやってくる人の大半は大風拗までらしい。

道は柏架山の斜面を巻くようにつくられていた。登るときは晴れていたが、午後になり、雲も出てきた。柏架山の頂からは、ビクトリア湾から九龍半島、そして南側の半島や島々の眺めを期待していた。急いだほうがいいかもしれない。山の天気は変わりやすいが、それにもまして、香港の空は気まぐれだった。

日本の山と同じような形なら、これからはそれほどの登り坂はないはずだった。日本の山は鞍部に出る手前がきつい。胸つき八丁といわれる急登である。大風拗の手前でその坂を登りきったのだから、ここから先は気持ちのいい稜線道のはずだった。しかし標高が五百メートルに達しない一帯の樹木はまだ背が高く、なかなか視界が開けなかった。途中、香港島の東側を見下ろすポイントがあり、ベンチが置かれていた。あとはひたすら、森のなかの道である。

三十分ぐらい登っただろうか。頂上直下のあたりで道がふた手に分かれた。少し迷い、右に進んでみた。五十メートルほど進むとゲートの扉に遮られてしまった。先にはレーダードームが見えるが、視界が開けない。気をとり直して分岐に戻り、左手に進む。頂を巻くように道がつくられていた。五分ほど歩いただろうか。突然、吹き上げる風と一緒に空が広くなった。三百六十度ではなく、北と東、南側だけだったが、眼下に海と島を見下ろす地点に出た。西側にはやはりゲートの扉があった。その先のドームも見えたが、そこまでの距離は短かった。ここが柏架山の頂上のようだった。山頂を示す表示はなにもなかったが。

なかなかの眺めだった。東側には稜線が連なっている。北側には香港島のビル群があり、ビクトリア湾を挟んで九龍半島が見渡せた。かつての香港の空港だった啓徳空港の跡もはっきりと見える。滑走路はそのまま残されていた。あの空港に何回降りたっただろうか。いまの空港に比べれば狭く、日本からやってくるとアジアの汗のにおいが漂ってきたものだった。いまの香港国際空港からは、あのにおいが消えてしまった。仄かにそばのスープのにおいがすると思っているのは僕だけだろうか。

柏架山の頂にあるレーダードーム。ここをめざして汗を搾る

大風坳でバーベキューの香港人。ビールは飲まない。これが香港スタイル？

啓徳空港の左手には、尖沙咀のビル群が見える。その先が旺角(ウォンコッ)あたりになる。はるか先にうっすらと見える山影のどれかが、香港の最高峰の大帽山だろうか。南に視線を移すと、眼下に大潭湾(ダーイタームワーン)や紅山(ホンサーン)半島が午後の日射しのなかで輝いていた。うっとりとしてしまう。

縁石に腰をおろし、ザックのなかからコンビニで買ったおにぎりを出した。

「なんですか、これ。酢飯ですよ。このおにぎり」

阿部氏が口を開いた。僕も頬ばってみる。ぱらぱらとした酢飯で食べにくい。寿司とおにぎりという日本食を合体させれば、日本人や日本食大好き香港人に受けるとでも思ったのだろうか。いや、こういう味が香港人は好きなのだろうか。

まあ、この景色があるから〝よし〟とするか……と口に放り込むしかなかった。

休んでいると、何人かの登山客が姿を見せた。そのなかのひとりのおじさんが、タブレットをとりだし、香港の地図サイトにつないで、僕らに説明してくれる。英語はカタコトだが、地図を見ながらの話だから問題はない。

タブレットを南に向けて、島をひとつ、ひとつ示し、視線を上げ、今度は指先で教えてくれる。

「あれが蒲台島(ポウトイ)」

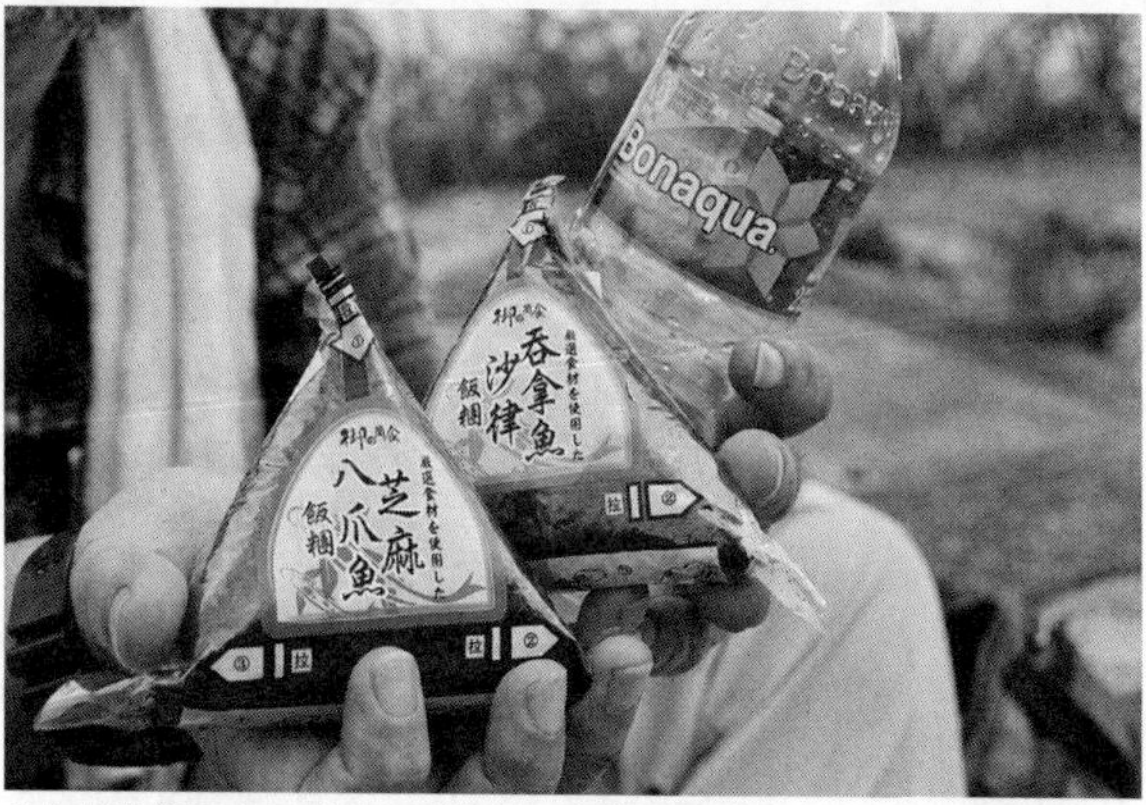

これが酢飯のおにぎり。香港人の味覚を疑ってしまう味。買わないほうがいい気がします

「その向こうが細担島（シーダン）」

タブレットを示しながら、細担島は今日、肉眼では見えないと手を振る。

「そしてあれが南丫島（ラムマ）」

あとで教えられたが、丫はアルファベットのYではなく、漢字の丫だという。

「島か……」

柏架山を下りながら思いめぐらしていた。舗装路だから、下りはことのほか楽である。考えてみれば、柏架山の山頂ぎりぎりまで舗装路だった。香港らしい登山道だった。


翌朝、香港島のフェリー乗り場にいた。スターフェリーで九龍半島から香港島に渡り、そこから右手に続くフェリー乗り場の運航時刻を見ていった。六号埠頭は日本人がランタオ島と呼ぶ大嶼山（ダーイユーサーン）と坪洲島（ペンチャウ）行きだった。五号埠頭は長洲島（チョンチャウ）、四号埠頭が南丫島、三号埠頭はディスカバリーベイと呼ばれる愉景湾（ユイギンワーン）行き、二号埠頭からは青衣（チンイー）と馬湾（マーワーン）に向かうフェリーが出ていた。島行きフェリーに限れば、四号埠頭から六号埠頭だろうか。前日の夜、南丫島について調べてみた。ビーチや海鮮料理店もあるようだったが、巨大な火力発電所もあった。香港の夜景、いや生活を支えるには、膨大な電力が必要になることはわかる。重慶（チョンキン）マンションに寝泊まりし、ごみごみとした尖沙咀の雑踏のなかにいると、南丫島の火山発電所の煙突を見に行こうという発想は生まれてこない。となると、大嶼山、坪洲島、長洲島だろうか。

もう二十年ほど前になるが、長洲島に渡ったことがあった。そのときは雑誌の取材だった。編集者やカメラマンと一緒だった。企画会議で伝えられたのは、南のおしゃれな街というイメージだった。広告主の意向もあったのかもしれない。赤柱（チェッヂュー）にあるヨーロッパ風のレストランで、キャセイパシフィック航空の客室乗務員のインタビューをした。ホテルのなかのクラブの撮影、蘭桂坊（ランカイフォン）の欧米風のパブのビール……。そうなると、リゾートの風景がほしくなる。そこで長洲島のビーチへ向かったのだが、砂浜でカメラマンがこう呟（つぶや）いた。

「ここ、難しいかもしれない」

浜には日本のビーチと同じように、松の木の林が続いていたのだ。南のリゾートといえばヤシの木だった。浜に沿って一軒のホテルがあったが、タイのプーケットやインドネシアのバリ島にあるリゾートホテルのような演出はなかった。簡素な宿泊施設という印象だった。このビーチにやってくるのは、香港島や九龍半島からの日帰り客なのだから無理もなかった。

島内を移動してみた。あったのは、中国風の漁村だった。道教の廟（びょう）があり、短い川に沿った港には、小さな木造船がロープでつながれていた。中国の田舎の漁村そのままだった。カメラマンはここでも首を横に振るだけだった。

結局、海をバックにしたビーチの写真でお茶を濁し、再びフェリーに乗って帰ってきたのだが、僕は少し嬉しかった。フェリーに一時間ほど乗っただけで、中国の静かな漁村があったのだ。オフィス街を靴の音を響かせて歩くビジネスマンも香港人だが、煙草をくわえ、日に焼けた体に煮染めたような色のシャツを羽織った漁師もまた香港人だった。香港の中心部を眺めていると、その先には、欧米人好みのリゾートがつくられているような気になってしまうのだが、そこにあるのは、香港の発展とは無縁の漁村だった。昔ながらの暮らしが続いているだけだった。香港にあるのは都会と田舎だけだった。その間を埋める世界がなかった。

また長洲島……とも思ってみたが、フェリーの時刻がうまく合わなかった。残るのは坪洲島と大嶼山だった。大嶼山にはいまの香港国際空港がある。フェリーが着く梅窩（ムイウォー）はその東海岸にあった。地図を見ると、西海岸には大澳（ダーイオウ）という漁村があった。空港とは中央の山を挟んだ反対側である。

香港の空港からはバスで九龍に向かうことが多いが、空港近くには二、三十階建てのマンションが建ち並ぶ郊外タウンができあがっていた。空港へはバス以外にも、電車もあるから、これを使えば市街に通うこともできるのだろう。大嶼山は空港に牽引されて開発が進んでいた。しかしその反対側なら大丈夫そうだった。梅窩から大澳までは電車も走っていないから、バス便しかないはずだった。

大澳に行ってみることにした。

フェリーの改札には、発券窓口とオクトパスカード用の自動改札機があった。オクトパスカードは、首都圏を中心に使うことができるJR東日本のスイカなどと同じ機能をもったICカードだった。香港では日本の首都圏より四年早い一九九七年に導入された。世界初だった。日本のソニーが開発したものだという。導入されたのは香港が中国に返還された年である。そこにはさまざまな憶測が語られている。

「当時の香港の人口は約六百五十万人。新しいシステムを実験的に導入するには手頃な規模だった」

「返還を前に、発展香港を演出したかった」

実際、はじめて使ったときは、ちょっと感動した。リーダーのところにカードをあてると、改札のバーがすっと開いたのである。

最初に導入されたのは地下鉄だった。その後、オクトパスカードは、バス、フェリー、コンビニなどに次々と広まっていった。そもそも、オクトパスという名称は、こういう使い方を想定していたのだろう。タコである。八本の足がさまざまなところに触れるわけだ。

あの頃の香港は本当に便利な街だった。世界で最も動きやすい街だったのではないかと思う。ショッピングモールは地下鉄とつながり、エスカレーターの数も多かった。地下鉄は一、二分間隔で運行されていた。乗り物はもちろん、ちょっとした買い物なら、オクトパスカード一枚ですんだ。昔から思うのだが、香港の硬貨は立派である。二ドル硬貨は大きく、五ドル硬貨は厚い。これが財布のなかに溜まっていくと、ずっしりと重くなった。オクトパスカードはそれも解消してくれた。

旅行者の僕にありがたかったのは、バスだった。香港のバスは昔から、釣り銭が出なかった。つまり三ドルの区間に五ドルを入れても二ドルは返ってこない。バス会社がもらってしまうのである。それを承諾した上でバスに乗るという暗黙の了解があある。しかしそれならそれで、二ドルとか五ドルとかきりのいい運賃にするのが筋かと思うのだが、香港のバスは三・八ドルなどと端数のある運賃設定になっていた。損をしないためには、財布のなかに一ドル未満の細かい硬貨をじゃらじゃらと入れておかなければならなかった。ピッタリの金額が常に財布のなかにあることはめったにないだろうから、香港人もバスにそれなりの金額を吸いとられていた気がする。

いや……。あまり大きな声ではいえないのだが、運賃が足りなくても、細かい硬貨をいくつか投入すればバスに乗ることができるという常識も香港にはあった。乗客は次々に乗り込んでくるわけで、運転手は金額を確認する時間の余裕がないことが多かったのだ。端数があればあるほど、その傾向は強まった。香港人の知り合いに、この方法を教えてもらって以来、僕はずいぶん気分が楽になった。財布のなかの小銭を見て……いや、こういうことをあまり書いてはいけない。しかしそこにはリスクもあった。なかには、投入される金額をしっかり見る運転手もいたのだ。つまり客の多い路線なら……いや、もうこれ以上、書かないことにする。

　そこに登場したオクトパスカードは画期的だった。もう、小銭の心配をする必要がなくなったのだ。

　オクトパスカードは、心優しいカードでもあった。仮に十ドルの運賃で、カードに八ドルしか金額がなくても、地下鉄の改札が開いた。そのときはマイナス二ドルと表示される。次に乗るまでにチャージしておけばよかった。そこへいくとスイカには優しさがない。金額が足りないと、改札は開かず、赤いランプがついて警告音が響く。まるで悪いことをしているかのような扱いである。香港のバスでの行いを考えれば、あまり大きなことはいえないのだが。

　次々にカードを使うことができる店が増えていった頃、このカードは本当に便利だった。マクドナルドなどのファストフード店もオクトパスカードで大丈夫だった。日本にスイカが導入されたのは二〇〇一年だが、スイカがさまざまな店で使えるようになってくるのはだいぶ後のことだ。僕の感覚では十年ほど、日本は香港に後れをとっていた。

　オクトパスカードに話が逸れてしまった。

　大嶼山に向かうフェリーである。僕はオクトパスカードをかざして改札を通過した。そのとき、引き落とされる額が少し多い気がした。阿部氏は窓口で切符を買った。

「知りませんでした、今日、休日なんですね」

「昨日が日曜だから、今日は月曜……」

「休日は運賃が上がるんですって。運賃表に十五・二ドルって書いてあったんですが、今日は休日運賃で二十二・五ドル……」

「七ドル以上も上がるの？」

「そうなんですよ」

そういえば街のなかに『中秋』と書かれたポスターをよく見かけた。今日は中秋らしい。今日の夜空は満月か……。そんなことを思いめぐらせながらフェリーに乗った。そのときはのん気なものだった。休日の意味を教えられたのは、フェリーが梅窩に着いたときだった。

大澳行きのバス停には長い列ができていた。

バス停は梅窩のフェリーターミナルを出たところにあった。香港はこういう構造づくりがうまいと思う。迷うことがない動線をつくっていく。その線に沿って、すぐにバス停はみつかった。

すぐにバスはやってきた。僕らは通路に立つしかなかった。車内では広東語に混じってフィリピンのタガログ語も聞こえてくる。

香港で働くフィリピン人メイドは多い。最近はインドネシア人も増えているが、やはりフィリピン人である。その数は三十万人ともいわれていた。休日になると彼女らは香港島の中環（チョンワーン）界隈に集まってくる。公園や長い歩道橋に座り、ひたすらおしゃべり。昼どきになると持ち寄ったフィリピン料理が敷かれたビニールシートに並ぶ。毎週日曜日に中環に集まるフィリピン人は一万人を超え、香港の風物詩にもなっていた。

しかし毎週、中環というのも飽きるのだろう。かといって、僕らが前日登った柏架山などにはやってこない。タイ人に似て、疲れることが嫌いなのだ。……ということは、地下鉄やフェリー、バスに乗って郊外へとなる。そのひとつが大澳のようだった。

バスは四十分ほどかかった。途中で刑務所にも寄った。石壁監獄（セッピッガームヨッ）という表示があった。平日なら、面会に行く人が利用するバスのようだった。

大澳は終点だったが、そこはちょっとしたバスターミナルになっていて、十数台のバスが停車していた。

路地は人で埋まっていた。大澳は小さな漁村だった。海に流れ込む幅にして十メートルほどの川の両岸に船が並び、川に沿うように路地が延びていた。人がいなければ、以前に訪ねた長洲島の漁村のような趣なのだろう。しかし今日は中秋の休日だった。路地の入口は、バス停の裏からはじまっていたが、その入口から人が詰まり、なかなか先に進めないほどだった。ここでもタガログ語が耳に届く。フィリピン人のメイドの間で、この漁村はちょっとしたブームにでもなっているのだろうか。人の流れに沿ってぶらぶら歩いた。路地は風の通りが悪く、そこに人いきれも加わり、暑さが応えた。それでも路地を進んでいくと、観光客は、『冷気開放』と書かれた冷房のきいた食堂や土産店に少しずつ消え、人通りも少なくなってきた。脇道に逸れてみた。壁に仕切られた迷路のような道を進むと、急に風が吹き込んできた。川に出たようだった。

目の前には木道のような通路があった。家々は干潟になったところに打ち込んだ杭の上に建っていた。潮が満ちてくると、陸地に出るには舟しかなくなってしまう。そこで家々と陸をつなぐように木製の通路がつくられていた。

家々には玄関らしい扉はなく、通路は部屋の脇を通っていた。暑いから仕切り戸はすべてはずされている。家のなかは丸見えである。

ほとんどの家が漁師のようだった。網を直す男もいた。老婆が椅子に腰をかけて

大澳の路地に食堂や土産物店が並ぶ。休日はこの混雑。歩くだけで疲れる

ぼんやりしている。

蛋民だろうか……とも考えてみる。蛋民というのは、香港や広東州などに昔から住んでいた水上で暮らす人たちである。香港は平地の少ないエリアだから、かなりの数の蛋民がいたはずである。

アジアの海に面した都市の歴史を調べていると、そこに暮らす人々の多くが、以前は水の上で生活していた。タイのバンコクもそうだった。アユタヤ王朝と交易のためにやってきたポルトガル人やフランス人の記録には、住民の多くは水上で暮らしていたという記述が残されている。バンコクだから、チャオプラヤー川の上である。

当時のアジアは道路があまりなかったのだろう。車もなかった。水上交通に頼っていたはずだった。アジアという土地の歴史を辿っていくと、人々は山の民と水の民が中心だったことがわかってくる。

香港もおそらくそういう土地だった。やがて平地に人が暮らすようになり、文化が一気に進んでいく。そのなかから蛋民という名称も生まれた気がする。人ではなく虫なのだ。中国では差別的な意味で、虫という漢字が使われる。中国の福建省の人々が閩南人（びんなんじん）と呼ばれたのもその例だといわれる。しかし香港の蛋民の数は多かった。一九四〇年代には十数万人の蛋民がいたといわれる。

その後、陸地へ移住がすすめられた。蛋民といっても、漢民族には変わりはない。やがて香港人と同化していくことになる。大澳の水上家屋に暮らす人々は、そのなかで蛋民の文化を守り続けているのかもしれなかった。

しかし暑かった。人が多く、店の多くは、座る場所もない。小さな漁村だから、木陰のある公園も少ない。

観光客が少なければ、昔の香港の空気が流れるひなびた空気に触れることができるはずだった。高層ビル群のエリアから、島に渡っただけで、時代は百年以上近くも遡っていく。それが香港だった。

川に沿って水上家屋が連なっている。漁村というより半分は観光で稼ぐ村？

空き家もちらほら。観光客に開放しているのか、勝手に休んでいるのか……

イギリスの植民地になる前は、香港島もこんな感じだったような気がする

潮がしだいに満ちてきたようだった。干潟にも水が入ってきた。川の中央近くに停まっていた小さな漁船にエンジンがかかった。男がふたり乗り込んだ船が、とことこと海に向かって進んでいく。このあたりでは、シャコがよく獲れるのだという。漁師たちの姿は、中国に返還された後も、なにひとつ変わらなかったような気がする。それが日課のように海に船を出す。きっとこれも香港なのだろう。

スターフェリーに漂う香港の記憶

なぜこんなにもほっとするのだろうか。スターフェリーに乗ると、いつもそう思う。機関室から漂う重油のにおい。生暖かい香港の風。停泊する大型船を遠くに眺めながら、硬い木製の椅子に座る。心地いいとか、快適といった意味ではない。ただ、香港に帰ってきたような安堵がある。

尖沙咀（チムサーチョイ）から中環（チョンワーン）まで八分ほどの船旅である。すぐに着いてしまう。しかしその間に、若い頃からの香港の旅が一気に蘇ってくる。

はじめて香港に来たとき、九龍（ガウロン）半島と香港島は地下鉄で結ばれていなかった。半島から香港島に行くには、もっぱらスターフェリーだった。その後、海底トンネルが開通し、九龍半島サイドから地下鉄に乗っていけば、そのまま香港島に渡ってしまう。

しかし時間があれば、スターフェリーに乗る。わざわざ都下鉄を尖沙咀で降り、フェリー乗り場に向かう。

理由は……安いから。これがいちばん大きい。香港の地下鉄は海底トンネルを通ると高くなる。トンネル通行料金とでもいうのだろうか。それが加算される。しかしスターフェリーは、平日料金の下層席なら二ドルですんでしまう。

スターフェリーは上層と下層に分かれている。上層は二・五ドル。今回、撮影のためということで上層に乗った。スターフェリーとは四十年近いつきあいになるが、はじめてのことで、ちょっと緊張した。さすがに眺めがよかった。下層に座ると、上の階がじゃまになって香港島の夜景が見えにくかった。そんなことも気づかなかった。スターフェリーは下層に乗るものと……なぜか自分のなかで決めていた。

フェリーは一八八八年に運航を開始したといわれる。百二十年以上も前の話だ。その後、イギリス系のスターフェリー社が運航を受けもち、いまの名前になった。

その歴史はフェリーの形に残されているのかもしれない。昔の写真を見ると、いまのスターフェリーと全体の感じがよく似ている。日本などで就航しているフェリーとは構造が違う。スターフェリーは、船着き場に入るときに方向を変えない。前進してきた船が、その後バックする形で海を渡ってしまう。考えようによっては、大きな渡し船という雰囲気もある。

あの船員たちのユニフォームも歴史なのだろうか。星のマークがついた青いセーラー服である。最近は船員たちも高齢化し、なんだか似合わない気もするが。

スターフェリーへの思いは、香港人も共通したものがあるらしい。あれは中国に返還されてから八年近くがたったときだった。いつものようにスターフェリーに乗って香港島に渡ると、垂れ幕やビラがそこかしこに貼られ、多くの人が集まっていた。スターフェリーの船着き場の建物の保存要求だった。

香港は埋めたてが続いている。香港島のスターフェリーの船着き場も埋めたてられ、九龍半島に近づいていた。となると、古い船着き場の建物が不要になってしまう。香港の行政サイドはとり壊しを決めたのだが、それに反対する政治家や市民が反対運動を展開していた。あとになってわかったが、反対運動は座り込みまで発展し、警察との衝突まで起きた。なにか二〇一四年の民主派や学生の路上占拠に似ている。

二〇一四年は普通選挙の要求だが、当時はスターフェリーの建物が衝突の理由だった。とり壊しに反対する人々は、古きよき香港が失われていくことに心を痛める人たちだった。それは大陸から押し寄せる中国人たちが生むストレス

埋めたてが進み、スターフェリーの所要時間は少しずつ短くなっているはず

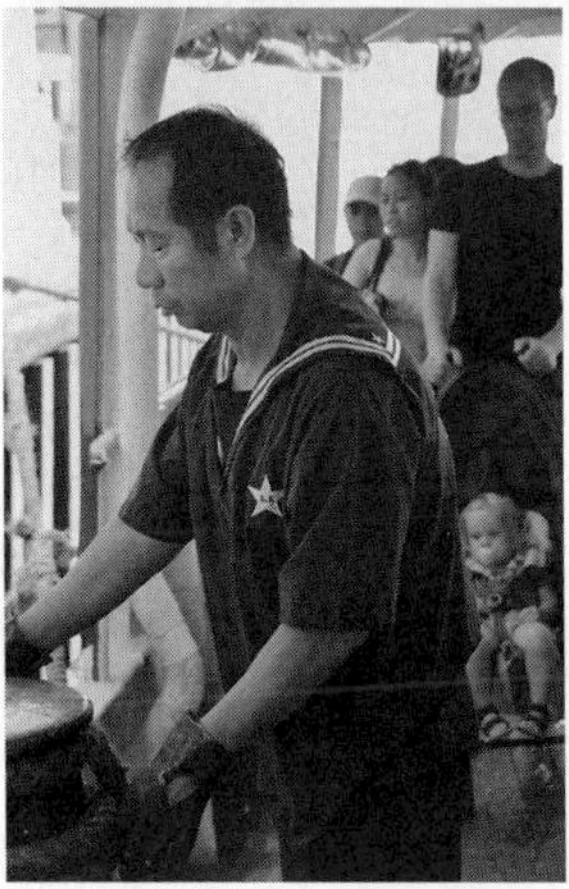

スタッフはスターフェリーと一緒に高齢化傾向。ロープを操る動きも昔に比べて緩慢？

でもあったのだろう。大量の人民元を鞄に入れ、まるで勝利した兵士が凱旋するかのように香港に姿を見せる中国人たち。それは香港人には不快だった。

この騒動は立法会の審議にまで発展した。党派を超えてとり壊し反対の意見が出た。そのとき、香港人が盛んに口にした言葉は、「集団の記憶」だったという。植民地時代に香港人の間につくられたアイデンティティー。それがひとつひとつ失われていくことが、香港人にはいたたまれなかったのだろう。

「集団の記憶」はかつての啓徳(カイタック)空港や香港初の公団住宅の建物などにも向けられた。

第三章　香港　食

茶餐廳で悩む
食の異空間と隣人感

これまでも、そしていまも、たぶんこれからも、僕は香港での食事といったら茶餐廳（チャーチャンテーン）だと思う。茶餐廳というのは、日本でいったらファミリーレストラン、定食屋、立ち食いそば、洋食屋、コーヒーショップ……と思いつくかぎりのメニューを詰め込んだ店である。以前は居酒屋の役割ももっていた。もちろんいまも、ビールを頼めば出てくるのだが、香港人は茶餐廳ではあまり酒を飲まない。日本の居酒屋風の使い方は少し気が引ける空気が流れている。香港人というのは、酒と食事がセットになっていない。酒を飲むならパブやバー、高級料理店での大人数の会食……といった発想で、夕食といえば、どんな場であっても酒が絡んでくる日本人や欧米人とは違う食習慣をもっている。だから茶餐廳は、ひたすら食べる場である。

茶餐廳をあえて、ほかの飲食店と区別するとしたら、「安くて便利」ということではないかと思う。この料理があるから茶餐廳といういい方はあてはまらない。ただ値段と気軽さだけに特化した店だと思う。

茶餐廳は、ものの本によると、香港で生まれた店のジャンルらしい。いまでは上海や北京、広州などにもあるが、どこか香港料理の店という売り出し方で、なんでもあり……という雑多なイメージは薄い。やはり茶餐廳は香港のものだと思う。

香港には、もう、そこかしこに茶餐廳がみつかる。街を歩いていると、「お、ここにも」といった頻度で茶餐廳の看板が目に入ってくる。どの店もつくりは立派ではない。店の規模もそれほど大きくはない。しかし地下鉄の駅を出て数歩進むと、店と店の間に、それが香港の皮膚呼吸の場のような顔をして、茶餐廳があるのだ。

思い返してみれば、昔の茶餐廳は、もう少し広いスペースを使っていた。やはり不動産の高騰だろうか。単価が安いから回転率の勝負になる。店はメニューを増やし、文句をいわれない程度に値上げし、なんとか頑張ってきたが、それを上まわるほど土地価格が上昇したのだろう。閉店に追い込まれた店もあるのだろうが、多くはスペースを縮小して生き延びている。香港人の胃袋を満たしてくれるのは、いまも昔も茶餐廳なのだ。

茶餐廳のなかには、名物料理をつくりあげ、専門店をめざすところも出てきているが、あれは邪道だと思う。茶餐廳はいつまでも、「安くて便利」の道を進むべきだと思う。茶餐廳の店主からは、大きなお世話だといわれるのだろうが。

僕が茶餐廳に流れついていったのは平坦な道のりだった。香港には一流の中国料理店があることは僕も知っている。中国に返還される前、香港の景気がよかった頃、中国料理の最高級食材はすべて香港に集まっているといわれたものだった。上海蟹やツバメの巣にフカヒレ……といった食材も、最高級品は、香港のレストランが仕入れるという時代はあった。

はじめて香港を訪ねた四十年近く前、九龍(ガウロン)の彌敦道(ネイトンドウ)に面した、立派な構えの中国料理店にひとりで入った。ドアボーイがいる店だった。丸いテーブルにひとりで座ると分厚いメニューを渡された。当時はまだ大学生だった。場違いな客であることはわかっていたが、はじめての香港である。本場の中国料理とやらを、一度は食べてみたかった。メニューは中国語と英語だったが、ほとんどわからなかった。食材の単語名を知らないのだから、想像力を働かせることもできない。料理を決められないのだ。心臓の鼓動が速くなっているのがわかる。しかしこのまま、店を出るわけにもいかないだろう。思いきってわけのわからぬ料理を決め、やってきたおじさんのボーイにメニューを指さしてみた。日本円にしたら二、三千円はした記憶がある。するとおじさんボーイはこういった。

「ひとりでは無理ですよ」

「はッ？」

最近、よく入るのが、この茶餐廳。けっしておいしいわけではありません

茶餐廳では相席は当たり前。料理はすぐに出てくる。食べる時間も短い

量が多く、ひとりでは食べきれないというのだった。困ってその上に書いてあるメニューを指さした。

「それもダメ」

「……」

結局、ひとつの料理のオーダーも通らなかった。唯一、おじさんボーイが首を縦に振ってくれたのはビール一本だった。

落ち着いてビールを飲めるわけがなかった。広い丸テーブルにポツンと一本のビールとグラスが置かれているだけなのだ。いまの香港なら小人数用料理の対応もあるのだろうが、当時は一族や団体観光客専用といった店が何軒もあった。しかしビール一本でも出してくれるのが香港だった。中国だったら、追いだされていたかもしれない。

すぐにも店を出たかったが、ビールが目の前にある。そそくさと飲むしかなかった。

茶餐廳に行くしかなかった。ひとりでやってきた旅行者が、香港で入ることができるのが、茶餐廳か麺粥（ミンヂョッ）と表に看板を掲げる店だったのだ。麺粥店のつくりは、茶餐廳にかなり似ていたが、文字通り、麺と粥に特化した店だった。料金も安かった。

本格中華を諦めたわけではなかったが、ひとり旅ではなかなか難しかった。そうこうしているうちに、香港の物価が上がりはじめてしまった。あれは二十年ほど前だったろうか。コンビニで買うウーロン茶のペットボトルが十ドル、当時のレートで百三十円近くになったときには、かなり慌てた。日本と同じレベルまで上がってしまった。はじめて香港を訪ねたとき、まだ物価は安かった。香港はアジアの一都市に映った。その世界から香港は抜け出てしまった。

その頃はもう、僕はバックパッカーと呼ばれる旅行者だったから、安い店を探すしかなかった。

バックパッカーの旅というものは、とりたてて、安い店を選ぶ旅ではないと思っている。庶民が入る食堂のテーブルにつき、一般の人々が乗るバスに乗るだけでよかった。物価の安いアジアでは、それだけで旅の費用はずいぶん安くなる。バックパッカーの旅は、ときに貧乏旅行などともいわれるが、それは現地の人たちと同じものを食べ、同じバスに乗る旅の結果なのだ。しかしそのバックパッカー理論が香港では通用しなくなりつつあった。本気で安い店を探さなければならなかった。その先に待っていたのが、早朝から深夜まで、ときには二十四時間、店を開けて待っていたのが茶餐廳だった。僕にはそれ以外の選択肢がなくなってしまった。

茶餐廳に辿り着いたというより、高級中華のレストランでは注文もできず、そこに物価高が追い討ちをかけ、途方に暮れているところを救ってくれたといったほうがいいかもしれなかった。

泊まるのはいつも重慶（チョンキン）マンションだったから、入る茶餐廳もその近くが多くなる。重慶マンションの裏手、彌敦道の東側に網の目をつくる赫徳道（ハートアベニュー）、河内道（ハノイロード）、寶勒巷（プラットアベニュー）といった、幅にして三、四メートルの道を歩きながら、この茶餐廳にしようかとひとり悩み、カメラマンと同行しているときは、この店は写真撮りやすそうですよ……と店に入ることになる。重慶マンションのある尖沙咀（チムサーチョイ）を離れたときも、茶餐廳に入ることが多かったが、品数が多く、ときに英語表記がないこともある茶餐廳では、メニューの解読という一大作業があったから、つい、何回か入った店に足が向いてしまうのだった。

いちばん数多く入った店は赫徳道に面した茶餐廳だった。席数の多い茶餐廳で、どの時間帯に行ってもすぐに座ることができた。茶餐廳は混みあってくると相席になるのが不文律だが、この店は四人用のボックス席を独占できる確率が高かった。朝はいつもこの店だった。夜もほとんどこの茶餐廳に座っていた。ここは満席になることがまずない店だから、ビールを飲むこともできた。昼もここで食べているこ

茶餐廳の厨房は客からよく見える構造が多い。コックの腕を見せる演出か

源記 餐廳
Yuen Kee Restaurant
7:00a.m.-1
至醒 早餐
A. 鮑片火腿通粉
B. 鮮茄牛肉通粉
C. 蜜汁叉燒通粉
D. 沙爹牛肉公仔麵
E. 五香肉丁公仔麵
F. 雪菜肉絲米線
G. 炸菜肉絲米粉 $25
H. 豬扒公仔麵
I. 雞扒通粉
J. 雞翼米線 $28
(加5元)
配:火腿/餐肉/腸仔/炒蛋或煎
跟: 牛油方飽
轉菠蘿油或法式奶油豬加6元
奉送祕製咖啡或奶茶 (凍飲
可改公仔麵、米粉、通粉、米線
(出前一丁加6元)
鮑片為仿鮑食品

壁にはこんな推薦メニューも貼ってある。黒板にも今日のメニュー。解読に疲れる

とが多かった。この店に入った回数は、百回や二百回ではない。「わざわざ香港まで行って、茶餐廳だけですか」などと呆れられそうだが、財布のなかの香港ドルをいくら眺めても、茶餐廳という選択肢しか思い浮かばなかった。よくて麺粥の店だった。

ここまで茶餐廳の話を書いて、読者には申しわけないと思うのだが、茶餐廳の料理がおいしいか……と訊かれると、僕は頼りない笑みを浮かべるしかない。はっきりいって、まずいものもかなりある。いや、香港庶民向けの店だから、香港人の舌に合わせているのだ。その味が僕にはどうもしっくりとこなかった。

香港人が追い求めた味を探究しようとしていたのかというと……そこでも頼りない笑みをつくるしかない。僕は食の世界に明るくはない。ただの旅行者なのだ。くどいようだが、僕には茶餐廳しか選択肢がなかったのだ。いくら口に合わないといっても、金がないのだからしかたなかった。香港では多くを望めないのである。

香港通なら飲茶があるじゃないか、と反論するかもしれない。たしかに朝、飲茶の店に入ると、おじさんが新聞を読みながら、点心を一、二品とり、プーアル茶と日本人が呼ぶ普洱(ボウレイ)茶を啜(すす)っている。安い点心を選べば、三十ドル、四百円ほどと茶餐廳よりやや高い程度で収まることも知っていた。朝の飲茶は早茶(ヂョウチャー)と呼ばれていた。

しかしこれは団体ツアー客がいけないと思うのだが、飲茶の店がどんどん高級になっていってしまった。とくに尖沙咀周辺はその傾向が強かった。パッケージツアー客が泊まるホテルは、だいたいがバイキング形式の朝食付きだった。しかし香港にやってきたのだから、飲茶を味わいたい……という観光客は多い。飲茶の店は午前中、遅くても午後三時ぐらいには終わってしまう。勢い、観光客は昼食に飲茶店に入ることになる。店はそんなツアー客をあて込んで、凝った点心を考案し、店内も外国人用に改装していった。そのせいで、点心の単価がどんどん上がってしまった。

店内はツアー客用に立派になっていった。朝、目を醒まし、ちょっと朝食でも……という雰囲気ではなかった。着飾るわけではないが、身なりは整えなければいけないような雰囲気で、サンダル履きでは入りにくい店になっていったのだ。それに、朝、コーヒーを飲めないというのも足が向かない理由だった。飲茶の店でコーヒーを頼むというのは、アイスクリーム専門店でビールを注文するようなことだった。

しかし茶餐廳にはなんでもあった。コーヒーは、朝の茶餐廳での主力メニューでもあった。

コーヒー。そうなのだ。香港人の味覚というものに疑いをもちはじめたきっかけだった。

茶餐廳では、高級店のようなサービスは望めない。店員は、それが茶餐廳の決まりごとといったような仏頂面をしている。かといって優しくないのか、というとそうでもない。自分の仕事は、オーダーを正確に聞き、素早く料理をテーブルに運ぶことに徹しているようなところがある。だから客ともあまり会話を交わさない。「今日の焼き飯はおいしいよ」という歯の浮いたような言葉や営業トークはまず口にしない。そういう世界である。

茶餐廳のメニュー数はとにかく多い。軽く百種類は超えているだろう。専門店への道を潔く捨て、味はともかく、人々がさっと入って、さささっと食べることができるメニューを追求するうちに、こういうことになってしまったのだ。加えて麺料理でも麺の種類を選ぶことができ、飲み物はアイスとホットのオーダーが加わってくる。面倒なことに飲み物はアイスにすると、二ドルほど高くなる。

店員はオーダーを聞くと、まるで殴り書きのような文字をメモに書きつけ、厨房に渡す。あれは漢字ではなく、店独自の略号のような気がする。それを覚えるだけでも大変なことだと思う。店員は熟練した人が多い空気が伝わってくる。オーダーを渡すと、別紙に代金をささっと書き込み、テーブルに置く。おそらく店員は、ほ

パンはフォークで突き刺して食べるのが香港流。食べにくいのだが

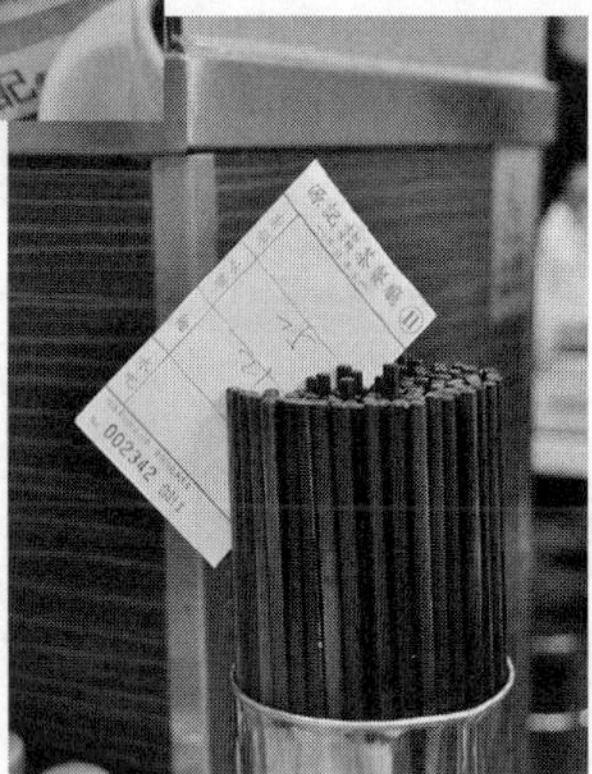

注文と金額シートはこんな感じで置かれる。読めるのは金額だけ

とんどすべてのメニューの料金とトッピングやアイスなどにしたときの追加料金を頭に入れ、即座に足し算をするのだ。欧米人やタイやフィリピンなどの東南アジアの人々には、とてもできないことを、短時間でやってのける。

会話は広東語である。しかしその言葉は短い。そんななかで、英語で料理の内容を聞くことなどとてもできない。最近は英語や写真で紹介するメニューを用意する店も増えてきたから、欧米人もなんとか注文できるかもしれない。しかし、その日の定食とか、お得メニューといったものは黒板に漢字で書かれることが多い。やはり広東語の世界なのである。

そのなかにぽつんと置かれた日本人はどうするかというと、ひたすらメニューに書かれた漢字の解読にとりかかることになる。

僕の視線はメニューの飲みもの欄をさまよっていた。咖啡という漢字はすぐにわかるのだが、そのバリエーションの前で固まってしまう。目が止まったのは檸檬咖啡（リンモンカーフェー）だった。最初は、「レモンコーヒーね」といった感じであっさりと受け入れ、その視線を下に動かしていったのだが、一瞬、待てよ、と視線が上に戻った。

「レモンコーヒー？　レモンティーではなく？」

飲んだことなど一回もなかった。コーヒーにレモンを入れてしまうのである。

茶餐廳には中国料理もあるが、ヨーロッパの影響を受けた西洋料理もかなりある。それが茶餐廳の売りでもある。このエリアを植民地にしたイギリスの食生活が入り込んでいるのだ。イギリス人は紅茶を愛している。レモンティーよりミルクティーが優勢だろうか。そしてコーヒーも飲む。人によってはミルクも入れるだろう。コーヒー、紅茶、ミルク、レモンを組み合わせるわけだが、そのなかにレモンコーヒーだけはなかった。

頭のなかでコーヒーの味とレモンの酸味を合わせてみる。どうしても、その味を想像することができなかった。

飲みもの欄の最後には、『凍飲加二元』と書かれていた。アイスにすると二ドル高くなるという意味だ。香港の大衆店では、ドルは元と表示されていた。

一カ月ほどロンドンに滞在していたことがある。毎日、コーヒーや紅茶は飲んでいたが、彼らはホットしか飲まなかった。だいたい、メニューにアイスがないことが多いのだ。僕もアイスはあまり飲まないが、ときに注文したくなるときもある。

「どうしてロンドンには、アイスコーヒーやアイスティーがないの？」

仕事を手伝ってくれていたイギリス人に訊いたことがあった。すると彼はこういったのだった。

「あれはアメリカの飲みものだよ」

妙に納得してしまった記憶がある。

その伝でいえば、香港はイギリス植民地でありながら、アメリカ文化もとり込んでしまったことになる。そしてコーヒーとレモンの組み合わせ。あとになって調べると、ロシアやイタリアにも、レモンコーヒーというものがあるらしい。しかし僕は茶餐廳ではじめて出合った。好奇心に駆られて頼んでしまった。

プラスチックの大きめなコップに入ってそれは出てきた。その姿を見たとき、これは香港のオリジナルだと思った。というのも厚いレモンが三枚、しっかり入っていたからだ。

香港だけでなく、東南アジアではアイスレモンティーをときどき飲む。マレーシアやフィリピンに多い。しかし香港のそれは、レモンの量が違った。多いのだ。厚切りレモンが三、四枚は入っている。香港人はそのレモンを、スプーンの先でがんがん潰してから飲む。紅茶にはガムシロップが入っているからすでに甘いが、香港流に飲むと、そこにかなりの酸味が割り込んでくる感じになる。熱い午後に飲むとなかなかおいしいのだが、出てきたアイスレモンコーヒーは、アイスレモンティーの紅茶をコーヒーに変えただけの代物だったのだ。

恐々とまず、コーヒーだけをストローで吸ってみた。ブラックだった。どうやって淹れているのかわからない煮染め(にし)たような茶餐廳コーヒーである。次いでレモンを潰してみた。そしてひと口——。

頭のなかが混乱した。未知の領域の味覚というより、コーヒーとレモンが合わないのだ。コーヒーの苦さが渋みに変わったような味も残る。砂糖も入れてみた。しかしその渋みは消えず、酸味も舌に残る。

「いったいこれはなんだろうか……」

茶餐廳のテーブルで、ひとり天井を見あげるしかなかった。

ある日の茶餐廳の朝、僕は再びメニューに見入っていた。そこに鴛鴦茶(ユンヨンチャー)をみつけてしまった。鴛鴦——。おしどりである。これは香港を訪ねた知人から聞いていた。紅茶コーヒーである。コーヒーに紅茶を入れてしまったのだ。香港人は、コーヒーというものに、なにか恨みでももっているのだろうか。そのまま飲めばいいものを、なにか入れてしまうのである。香港を植民地にしたのはイギリスである。イギリス人は紅茶を好むが、コーヒーにまで入れろとまではいわなかったはずだ。

その頃、鴛鴦という文字を、油麻地(ヤウマーディ)の屋台でも目にしていた。いまは日本でも食べることができるようになった火鍋(フォーウォー)である。鍋のまんなかが仕切られていて、片側に激辛スープ。もう一方に淡白なスープが入った鍋だった。客は好みで具を浸すスープを選ぶことができた。肉類は激辛スープ、野菜は淡泊スープといった食べ方ができた。この鍋をはじめて目にしたのが香港だった。ひとつの鍋でふたつの味……という画期的なものだった。その後、この鍋は中国で一気に広まり、やがて日本にも上陸する。日本では激辛鍋という印象が強いが。

この鍋に香港では鴛鴦という文字をあてた。意味は日本のそれに近い。雄と雌がいつも一緒にいるといわれるおしどりである。日本には〝おしどり夫婦〟という表現もある。ふたつのスープの鍋に鴛鴦を使うのはわかる。しかしコーヒーに紅茶を入れて、鴛鴦……。なにかが間違っているような気がするのだが。

飲んでみた。凍ではなく熱にした。ホット紅茶コーヒーである。

ひと口、啜る。喉元を黒い液体が通過している。そのときは、阿部稔哉カメラマンも一緒だった。互いにひと口ずつ飲み、テーブルを挟んだ沈黙が続いてしまった。

「これ、すごく疲れない？」

僕が口を開いた。

「そう。紅茶だと思って飲むと紅茶の味がする。コーヒーだと自分にいい聞かせて飲むとコーヒーになる」

鴛鴦茶。高くはないので、香港の食の異空間を体験するのに手頃ですね

頭のなかにやじろべえを置いているような感覚だった。右に傾げるとコーヒーになり、左に頭を傾げると紅茶になる。紅茶コーヒーというひとつの飲みものの味を評価する以前の問題だった。これはひとつの飲みものといっていいのだろうか。鴛鴦などという穏やかな顔をしているが、飲みものとして成立しているのだろうか。しかし茶餐廳のメニューに定着しているのだから香港人好みなのだろう。

香港というと、どこか高級中国料理やイギリス風のパブのイメージが先に立つ。しかしそれは観光客向けの香港の顔であって、茶餐廳という香港人の味覚の世界に入ると、足を掬（すく）われてしまいそうな大胆な融合が登場するのだ。なにしろ、レモンコーヒーに紅茶コーヒーなのである。日本人も口にする食材の幅が広い民族だと思うが、香港人はそのはるか上を行く雑食の民ではないか……。そして困ったことに、独自の味覚を備えている。

中国のなかでも、広東人はなんでも口にすることで知られている。広東料理は、食は広州にあり、とまでいわれる知名度で、「四つ足は机と椅子以外、二足は親以外ならなんでも食べる」、という食材のストライクゾーンの広さを誇っている。日本の中国料理も広東料理が主流である。それをとやかくいうつもりはないが、その雑食性と、貧弱な味覚の持ち主であるイギリス人の料理が香港で出合い、なにか時空を超えた食の異空間が、茶餐廳のなかに広がっているような気がするのだ。そういう僕を、香港人は保守的というのだろうか。

たとえば茶餐廳には、スパゲティーというメニューがある。意粉（イーファン）と書く。茶餐廳のメニューには、麺類があり、料理名の下に、米粉（マイファン）、通粉（トンファン）、意粉、公仔麺（ゴンヂャイミン）などと書かれている。そのなかから選ぶのだ。米粉は香港では一般的な麺、ライスヌードルである。通粉はマカロニ、公仔麺はインスタント麺である。

僕は茶餐廳で出される米粉、つまり普通の麺があまり得意ではない、細くて硬いのだ。ゴムのようだというと、香港人は顔をしかめるだろうか。一般的な麺でいえ

米粉のワンタン麺。2分待ってから食べるといい。インスタント麺ではないが

ば、中国大陸の麺のほうが性に合っている。軟らかく、あまり嚙まなくても、するすると啜ることができた。そんな話を、上海で暮らす日本人女性にしてみた。

「私は香港の米粉のほうが好きだな。コシがあって。食べていると、少し軟らかくなってきて……いい感じなんです。やっぱり食は香港ですよ」

そういわれて、その後も香港で何回か米粉を食べた。出された麺にすぐ箸をつけずに放っておく。二分ぐらいたったところで食べはじめる。たしかに少し軟らかくて食べやすくなる。しかし忙しい香港人は、そんなのんびりとした食べ方は好まない。まあ、食べものには嗜好がかなり作用する。香港人が硬い米粉を好むことは認めるとしよう。

しかし僕はどうしてもほかの麺にしたい。そこで意粉にしてみた。スパゲティーである。アルデンテなどというつもりはないが、もう少し太くて軟らかい麺にしたかったのだ。

出てきた料理を前に、これは反則ではないかと思った。前日に食べた麺と、具やスープがまったく変わらず、麺だけがスパゲティーに替わっていたのだ。意粉、つまりスパゲティーを頼んだとき、いったいどんな料理を想像していたのかというと困るのだが、一応スパゲティーなのである。イタリア料理店で食べるようなスパゲティーを思い描いていたわけではないが、そこにはスパゲティーへの配慮があってもいい気がするのだ。

茶餐廳の麺には撈麺（ロウミン）という頼み方もある。汁なし麺のことだ。それにすれば、少しはスパゲティーに近づいたのかもしれない。いや、そういうことではない。スパゲティーというものは、ひとつの料理であって、麺の種類ではない気がするのだ。しかし香港人は、米粉、通粉、意粉……とまったく平列に並べ、日本のラーメン専門店で太麺か細麺かを選ぶことができる世界に組み込んでしまったのだ。

スパゲティーの世界にも、スープスパゲティーというものがある。しかしあれは、通常のスパゲティーの延長上にあるものだ。食べるときは、やはりフォークとスプーンで口に運ぶ料理である。そこにはスパゲティーの応用であるという気遣いがある。

しかし茶餐廳のスパゲティーには、それがなかった。しかたないから啜ってみる。もちろん、箸を使う。麺はスパゲティーだから、米粉に比べるとだいぶ太い。それなりにコシもある。スパゲティーを箸で食べたことがある人ならわかると思うが、なにか麺のおさまりがつかない感じがして、納得がいかないのだ。そしてスープと具だった。米粉を想定してつくられたものだった。麺と具、スープとの絡み具合は、そのなかで工夫されてきたはずだ。それを突然、スパゲティーに替えてしまったのだから、やはり合わないのだ。

まずいというわけではない。しかしこの組み合わせでいいのか——というわだかまりは、胃のなかにしっかり残ってしまう。

それは、通粉、つまりマカロニにも共通していることのように思う。マカロニスープは、香港人の朝の定番である。どんな茶餐廳にも必ずある。日本人にとってのご飯とみそ汁と焼き魚、欧米人にとってのトーストやコーンフレーク。その種の代表的な朝食に匹敵する食べものだと思う。香港のマクドナルドの朝食メニューにも加えられている。茶餐廳で朝食風景を見ても、マカロニスープを啜っている人は多い。茶餐廳には粥（かゆ）もあるのだが、その数を完全に超えている。朝、テーブルを見渡すと、ほとんどの人がマカロニスープを食べているときもある。

中国圏の朝食といえば粥。それを饅頭（マントウ）や油条（ヨウティアオ）という中国式の細長い揚げパンと一緒に食べるというイメージがある。大陸ではそんな朝食をよく目にする。豆漿（ドウジャン）と書く豆乳に焼餅（シャオピン）というパンの組み合わせも多い。東南アジアも中国の食文化の影響を受けていて、粥の朝食は多い。ところが香港だけはマカロニスープなのである。

僕のなかではマカロニは影の薄い存在だった。最近ではショートパスタなどと名前を変えているという話も聞いたが、僕の世代ではサラダの材料としてしか思い浮かばない。それ以前に、学校給食のイメージがだぶり、食指が動かなかった。小学校時代の給食にしばしばマカロニサラダが出た。マカロニがまずいわけではなかったが、そこに入っているキャベツの硬い部分が、鼻をつまんで食べなくてはならないほどまずかった。

ところが香港の朝、茶餐廳に座ると、右も左もマカロニスープなのである。実際にはマカロニスープを単品で頼むわけではなく、パンや目玉焼きとセットになった朝食セットの一部なのだが、マカロニスープだけ皿が大きいから、どうしても存在

注文してはいけないマカロニスープ。マカロニは煮込みすぎていてぶよぶよだ

感を発揮してしまうのである。

これだけ人気のメニューだから、いくらイメージがよくなくても、食べてみたくなるのが旅行者というものだ。僕も頼んでみた。

以前、通い詰めていた茶餐廳のマカロニスープは、スープ皿のなかに数十個のマカロニが浮き、その上から約一センチ幅に切ったハムが数枚載ったシンプルなものだった。ますレンゲでスープを掬い、啜ってみた。

「……?」

まずかった。いや、それ以前の問題だった。味というものに出合えないのだ。頼りない湯の風味だけがする。糖尿病を患った人への病院食はこんな味だろうか……などと想像してみる。

なにかの味を加えて食べるのだろうか。醤油とかコショウとか……。周囲を見まわしてみる。皆、なにかの調味料を加えている様子もない。ただ、黙々とマカロニスープを食べている。

マカロニも食べてみたが、煮込みきったような軟らかさで、これもいただけなかった。いや、スープに味がついていれば、このマカロニもそれなりのハーモニーということかもしれないが、ここまで味が薄いと、どうしていいのかわからなくなってしまう。

香港に十七年も暮らしたという日本人女性の言葉を思いだした。

「ある日本のラーメン屋さんのご主人から聞いたんですけど、香港人のコックに任せると、どんどん味が薄くなっていっちゃうんですって。その店は香港に出店したんですが、日本にも店がある。主人は日本と香港を往復していたんですけど、香港の店にやってくるたびに、スープの味を濃くして、元に戻さないといけないんですって」

茶餐廳の厨房を仕切っているのは香港人だった。あれだけ狭い調理場で、よく百を超えるメニューをこなしていると思うが、彼らの舌に合わせていくと、病院食のようなマカロニスープに辿り着いてしまうのだろうか。

せっかく注文したのだから……と味気ないマカロニスープを啜り、マカロニを食べる。

これはマカロニスープと思うからいけないのではないか——。食べながら、そう頭を切り替えてみることにする。これは粥ではないか。香港の人たちも中国人なのだから、昔は粥を食べていたはずだった。そこにイギリスがマカロニを持ち込んできた。米を炊いて粥をつくるより、はるかに短い時間で調理することができる。マカロニを米に見立ててしまうという大胆なことを、香港人はやってしまったのではないだろうか。

粥は中国料理だが、マカロニは西洋料理である。イギリス人が出入りする高級レストランの料理が、茶餐廳で味わえるとなればヒットは間違いない……。コックはそう膝を叩いたのかもしれなかった。

粥というものは、基本的に米だけでつくる。客はそこに、ザーサイや干し魚を載せて食べる。油条を浸して、こくを出すという方法もある。マカロニもそうすればよかったのだ。濃くはないが薄い味をつけてしまったから、知らずにやってきた日本人は、

「なんですか、これ」

と視線が宙を泳いでしまうのかもしれなかった。

いや、もとを辿っていけば、マカロニを米に見立ててしまった香港人がいけなかった。これを和洋折衷ならぬ中洋折衷といっていいものか……。茶餐廳のテーブルでまた、悩むのである。

ここまで読み、茶餐廳に足を踏み入れるかどうかで、香港の旅はずいぶん変わることに気づいてほしい。香港人が欧米文化をとり込んでいった面妖な食の領域を知りたいというなら、ずんずんと茶餐廳の店内に入るべきである。店員はきっと無愛想だが的確にオーダーを受けてくれるはずだ。しかし、せっかく香港なのだから、満足のいく……と考えるなら、茶餐廳に近寄らないほうがいい。ガイドブックや香港を紹介するサイトでは、無責任に香港人の庶民の味として茶餐廳を紹介しているが、そこで出合う味は、だいたい裏切られる。

しかし僕は茶餐廳に通った。理由はその値段だけである。料理は一品、二、三十ドルである。日本円で五百円もかからない。僕には選択肢がなかったのだ。

だが実は、茶餐廳に通う楽しみがひとつだけあった。公仔麵、つまりインスタントラーメンを食べることができたからだ。以前、公仔麵（チョッチンヤッディン）といえば出前一丁に決まっ

以前はバスやトラムの車体にも出前一丁の広告を目にした。いまはたぶん、ない

ていた。メニューにも、米粉、通粉、出前一丁と書かれていることが多かった。

日清食品の出前一丁は、一九六九年に日本からの輸入品という形で香港に上陸した。その味が香港人の舌に響いてしまったようで、そのシェアを急速に伸ばしていくことになる。なんでも香港のインスタントラーメンの約半分は出前一丁なのだそうだ。こうなると、出前一丁は、インスタントラーメンの代名詞への道を歩んでしまう。インスタントラーメンならどんなメーカーであっても、出前一丁と呼ばれる雰囲気すらあった。

日本のインスタントラーメンのうち、

ひとつの銘柄が、これほどまでに席巻（せっけん）してしまったのは、世界のなかで香港だけのように思う。それぞれの国には、それぞれの人気インスタントラーメンが生まれ、シェアを拡大していく。外国のインスタントラーメンが、これほどまで浸透していくのも香港らしい話ではあった。

しかし出前一丁は、もともと、ひとつの銘柄にすぎない。そんな理由もあるのだろう。最近では、公仔麺とメニューに書く店が出てきている。

こういうとラーメン好きとか、食通といわれる人たちを全員、敵にまわすような気もするのだが、僕はラーメン専門店や食堂で食べるラーメンより、インスタントラーメンのほうに食指が動く。ラーメン専門店にできる列や、テレビや雑誌、サイトで紹介されているラーメン話を、ホーッと眺めるが、食べに行こうとは思わない。「わざわざ列に並ばなくても、インスタントラーメンがあるじゃない」と思ってしまう。自分が少数派であることは、日々のさまざまな場で痛感しているが、だからといって嗜好が変わるわけではない。タイのバンコクには、日本の有名ラーメンを集めた『ラーメンチャンピオン』という集合型の店舗がある。その前を通るたびに、「日本人は皆、ラーメンが好きだという前提があるんだよな」と鼻白んでしまう。

ラーメンとインスタントラーメンは別物だと思う。おそらく僕の味覚は、学生時代、毎日、インスタントラーメンを食べたことで植えつけられてしまった気がする。そういう酵素を抱えもってしまった舌には、ラーメンが反応しないのだろう。別にラーメンがまずいなどといっているのではない。しかし、いくら有名なラーメンを食べても、心の隅々まで行きわたるような満足感がない。ラーメン店の店主の思い入れとか、工夫を頭では理解するのだが、それらのエネルギーばかりが目立つだけで、いつもテーブルにその熱意だけを置きざりにして店を出てしまう。

ラーメンとインスタントラーメンは別物だが、日本人の大多数は、ラーメンを上に置いている。値段も高いし、一杯一杯つくっているのだから、価値が高くなるのは当然だろう。だから麺にもこだわる。ラーメン専門店はもちろん、食堂でも、インスタントラーメンは出さない。それは料理人の沽券(こけん)にかかわる類の問題である。

しかしアジアへ行くと、日本では高そうに見えた壁が、ベルリンより簡単にとりはずされてしまう。韓国でプデチゲという鍋を頼むと、当然のように、インスタントラーメンが投入される。タイの屋台にもインスタント麺が用意されている。マーマーという商品名が出前一丁と同じようにインスタントラーメンの代名詞になっている。マーマーと頼めば、インスタントラーメンを使ったそばが出てくる。

しかし韓国やタイのインスタントラーメン感は、香港の茶餐廳とは違う気がする。

タイの屋台で料理をつくるおばちゃんの多くは主婦であることが多い。料理人だとは思っていない。そんな人に沽券などという言葉を伝えても、「なんですか。それは」という言葉が返ってくるだけである。だから、マーマーを出すことに、なんの抵抗感もない。

しかし茶餐廳の料理人は違う。あれだけ多くのメニューをあっという間につくっていく技をもっている。店員への対応も、料理人然としている。プロのにおいがするのだ。そういう店で、公然と公仔麺がメニューに書かれている。僕はアジアのほとんどの国を歩いたが、インスタントラーメンの地位が最も高いエリアが香港だと思う。出前一丁はそこまでのぼり詰めているのだ。

堂々と食べることができる——。インスタントラーメンがラーメンより好きな人間にとったら、茶餐廳は解放区である。インスタントラーメンが好きという負い目を、一気に解き放してくれるのだ。

しかしそれは、茶餐廳のインスタントラーメン世界の入口にすぎない。香港人はインスタントラーメンを、パンと一緒に食べるのだ。

パン——。これも僕が人生のなかで背追った負い目のひとつである。

インスタントラーメンとパン——。僕のなかでは、死ぬ前、最後に食べたい料理のなかに必ず入ってくるメニューだ。

ときどきインスタントラーメンパンを食べる。つくるのは妻が家にいないときである。こういうものをこっそりと食べているところを見られると、「私が日々、つくっている料理は……」といわれそうなのだ。妻が用事で外出した昼、僕はインスタントラーメンパンをつくる。

インスタントラーメンは、サンヨー食品の『サッポロ一番塩らーめん』が望ましい。僕はインスタントラーメン好きだが、そのなかで最も多く食べているのが、このラーメンだと思う。

汁はやや濃い目につくる。そのほうがパンと合う気がする。具は入れなくてもいい。インスタントラーメンとパンという組み合わせの前では、ラーメンの具など枝葉末節である。

パンは六枚切りとか八枚切りの安い食パンがいい。それも買ってから二日ほど経ったときが頃合いである。このぐらいの乾き具合がインスタントラーメンと合ってくる。

ラーメンができあがる。それをひと口、ふた口と啜る。そしてなにもつけていない食パンをかじる。この瞬間が、まさに至福なのだ。

食べている姿は人に見せられるようなものではない。この食べ方は、僕のなかで学生時代から独身時代にかけて定番になってしまった。ひとり暮らしで、米を炊くというのはなかなか大変なのだ。いまでは冷凍とか、それ用の商品も出まわっているが、僕が若い頃はそう簡単ではなかった。いつでも手軽に食べられるもの……。僕は米の代用食として食パンに辿り着いた。

香港の九龍サイドの茶餐廳に入り、その朝食風景を目にしたとき、僕は目を疑った。香港人は、そばを頼み、同時にトーストを注文していたのだ。そばは米粉なのか、出前一丁なのかはわからなかったが、そんなことはどうでもよかった。そばとパンを食べている人がいたのだ。それもひとりやふたりではなかった。同士がいた。

その後、僕は数多くのアジアの国を歩いたが、そばとパンという組み合わせを、食堂で注文している人には出会っていない。そばとライスという人はいる。中国大陸には、そばと饅頭という中国パン組はいた。しかし饅頭ではいけなかった。欧米で生まれた食パンとそば――。それは香港だけだった。

あとは注文だけだった。麺は公仔麺を頼めばいい。だいたい出前一丁である。ここで『サッポロ一番塩らーめん』とはいわない。インスタントラーメンであればいいのだ。いろいろ試したが、最近の僕は、公仔麺と菠蘿包（ボーローバーウ）という組み合わせに落ち着いている。菠蘿包はパイナップルパンという意味になるそうだが、ほとんど甘みのないメロンパンと思ってもらえばいいだろうか。なぜか茶餐廳には必ずあるパンである。もっとも香港人のように、朝からそばというのもやや重いので、もっぱら昼に食べることが多いのだが。

僕は香港人にある種の親近感を抱いている。それは香港が中国に返還されて以来、彼らが悩んできた日々や、あの語尾を伸ばす、やや寂しげな広東語の響きと重なっている。そのあたりは次章でお話しすることになるが、親しさを覚える一因に、インスタントラーメンとパンの組み合わせを愛してくれる人々だという、同病相憐れむような心理がある。

香港に西洋のパンが入ってきたのはだいぶ昔だろう。そして二十世紀の後半に、日本からインスタントラーメンが上陸した。彼らは本場の広東料理を味わう舌をもっているというのに、インスタントラーメンにパンという組み合わせに走ってしまった。それはB級グルメにも及ばない、胸を張ることなどとてもできない食べ方である。中国でもなく、欧米でもなく、日本でもない。それは食文化などといえる代物ではない。そして、世界のなかでの少数派である。

　その事実を香港人の多くが知っているのか、僕にはわからない。しかし文化遺産にも登録された和食の国に育った僕と、世界に冠たる広東料理をもった香港人が、同じようにインスタントラーメンとパンを一緒に食べている。互いに人前で主張はできない好物がある。愛すべき隣人なのだ。

香港への足は、不安がつきまとうＬＣＣ

香港に向かう……。その足はもっぱら、香港エクスプレスである。この航空会社は、ＬＣＣと呼ばれる格安航空会社のひとつだ。

二〇一四年の後半、香港では普通選挙を要求する民主派や学生たちの路上占拠が起きた。やはり気になった。東京やバンコクから何回か香港に向かった。東京からの足は香港エクスプレスが多かった。安いときには片道一万二千円ほどなのだから、香港に行く回数を増やしてくれる。

飛行機に乗ると、フリーランスの記者やカメラマンと会った。

「いや、この飛行機はありがたいですよ。これなら自腹で取材に行けますから」

以前は往復で四万円以上していたのだから、頼もしい存在である。

香港エクスプレスは二〇一四年の秋までは、羽田と名古屋から香港を結ぶ路線しかなかったが、その後、成田と関空からの便が増えた。機材のやりくりもあったのかもしれないが、運航時間もころころと変わった。しかも利用者とか日本の電車事情などまったく無視したようなスケジュールだった。僕が二〇一四年の十月に乗ったときは、朝の六時台に羽田空港を出発した。チェックインは午前三時からはじまるという。結局、終電近い電車に乗り、羽田空港のベンチで仮眠をとりながら、チェックインまで待たなくてはならなかった。

この便には二回乗った。羽田空港で横になるベンチも決まってきてしまった。なんだか自分が切なくなってきた。若い人向けの航空会社だよな……と、照明が落ちた羽田空港のベンチで呟いたものだった。その後、増便されたが、二〇一四年から二〇一五年にかけてのスケジュールを見ると、羽田発が午前一時十分と六時十分、香港発が午前零時十分と十九時十分である。やはりつらい。

しかし世のなかには、そう考えないタイプもいる。先日、バンコクからマカオまでのエアアジアに乗った。たまたま隣席が日本に向かうタイ人だった。マカオからフェリーで香港の空港まで行き、そこから午前零時十分発の香港エクスプレスに乗り換えるという。

「飛行機代は安いし、ホテル代が一泊分浮いてラッキー」

タイ人は笑った。香港エクスプレスはそこまで考えているのだろうか。

何回かこの航空会社の航空券をインターネットを通して買ったのだが、その

香港エクスプレス以外のサイトから予約すると、運賃が違うことも。これも悩み

サイトが不自然な動きをすることがあった。ＬＣＣだから原則、ネット予約しかできないのだが、あるとき、予約が完了したあと、チケットを購入するボタンが消えてしまった。またあるときは、予約画面が突然消えた。ＬＣＣの予約サイトでは、ときどき、こういうことが起きるが、その頻度が多すぎる。

以前、中国の航空会社のフライトを予約したときを思いだした。この動きは中国独特の……。

調べてみると、香港エクスプレスは、香港をハブにしている航空会社だが、親会社は中国の海南航空だった。香港の航空会社ではなかったのだ。そう考えると合点がいった。予約サイトの不穏な動きもそのひとつだった。客室乗務員の英語はたどたどしかった。もし香港の航空会社だったら、こんなことはないだろう。

ネットのシステムには詳しくないが、中国は検閲をめぐってグーグルと対立していた。僕は普段、Gメールを使っているが、中国に行くと極端につながりが悪くなる。つながるときと、つながらないときが波のように現れる。上海にいたとき、在住日本人からこんな連絡が入ったときがあった。

「いま波が来ています。いまのうちにメールをチェックしてください」

中国は膨大なエネルギーを使って、海外からの情報をブロックしている。LINE（ライン）やツイッターも通常では使えない。

和平演変（わへいえんぺん）——。海外からの情報で人々が欧米型民主主義に走ることを防いでいるのだ。その流れのなかに、グーグルとの対立もある。

しかし航空会社のサイトには、さまざまなサーバーやブラウザを使っている人から予約が入る。特定のものをブロックしていてはビジネスにならないのだ。しかし中国には、特定のネット情報をブロックするシステムがある。その問題のような気もするのだ。中国の航空会社のネットが不穏な動きをするのは、そのためではないか……。

香港エクスプレスの予約には、いつも不安がつきまとう。いまだ乗ることができなかったことはないが、チェックインカウンターではいつも落ち着かない。これが香港ではなく、中国のネット社会ということだろうか。

第四章　香港

雨

大粒の雨に打たれる
香港の「自由」

東京でもときどき、暖かい大粒の雨が降るときがある。太平洋高気圧から湿った暖かい空気が流れ込んだときだ。台風の影響で、重い雨が降るときもある。そんな雨に打たれると、香港を思いだす。

香港の雨は、いつも大粒で重い。

香港が中国に返還されるときも、香港には大粒の雨が降っていた。新界地区では土砂崩れが起き、中国の広州に向かう列車が徐行運転を強いられるほどだった。そして二〇一四年、アドミラルティと英語名もついている金鐘（ガムヂョン）や旺角（ウォンコッ）の路上を占拠する学生や民主派の肩にも、しばしば重い雨が降った。

香港が返還されるとき、雨を見あげるひとりの香港人は、こういった。

「香港の涙雨ですよ」

路上を占拠する学生たちは、自らの抗議行動を雨傘革命（ユィサンガークメン）と呼んでいた。八十七発ともいわれる警察が放った催涙弾を雨傘でしのいだことからこういわれるようになった。占拠する路上には数多くの雨傘が置かれている。重い香港の雨が降ると、雨

尖沙咀の路地裏に、ずっしりと重い雨が降る。
香港の雨だなぁといつも呟く

傘が一斉に開かれる。

路上を占拠し、雨傘をさす学生たちは香港が返還された頃に生まれた。

あれから十八年か――。

その間に、香港は大きく変わった。

香港が中国に返還されたのは、一九九七年の七月一日である。その前日から香港に行くつもりだった。しかしそれは、なかなか大変なことだった。

返還を前に香港への旅行ブームが起きた。香港は日本人にとってはなじみの観光地だった。日本の地方都市に行き、海外旅行に話が振られると、「香港には行った」という人が少なからずいた。そんな人たちにとって、香港返還の報道は、新聞に挟み込まれたツアー広告よりも宣伝効果があった。

「あの香港が中国になってしまう。その前に行ってみるか」

そんな感覚だった気がする。それは世界の人々も同じだった。返還前の香港旅行は、ちょっとしたブームでもあった。

世界の人々にとっての香港は自由な街に映っていた。免税のブランド品が充実し、映画館に入れば女性のヘアまで見えた。この自由さは心地よかった。両替をして手にする香港ドルの紙幣には、香港上海滙豐（ウイフォン）銀行とか香港渣打（チャーダー）銀行といった銀行名しか記されていなかった。日本の日銀のような中央銀行がなかった。人々が味わえたのは、国家という枠がはずされた自由さだった気がする。あの街が中国になる……。ブランド品を買い溜めるために香港に向かった人もいただろう。香港は降って湧いたような駆け込み需要の熱気に包まれることになる。いってみれば、安売り店の閉店セールのようなものだった。ホテル代もぐんぐん上がった。

香港人は返還後の不安を山のように抱えていたが、目の前に次々にやってくる観光客の前で、複雑な笑みをつくる人が多かった。翌年の暮らしはあまりに不透明だったが、目の前には金を払ってくれる観光客が列をつくって待っているわけだ。

返還日の四カ月ほど前だったろうか。僕はいつも泊まるウェルカムゲストハウスで、主人の華春發（ホアチュンファ）さんと話し込んでいた。

「返還前後は、かなり上がると思うな」

と華さんはいった。当時、ウェルカムゲストハウスのツインの部屋は三百五十ドルだった。

「たぶん五百ドルぐらいになると思う」

「五百ドル……」

当時のレートで三千五百円ほどだった。僕は、一泊五百ドルで計算した数日分の宿代を前金として払った。僕の周りには返還の頃に香港に行きたいという知人が何人もいた。彼らと一緒にウェルカムゲストハウスのツインの部屋を使うことにしていた。皆、それぞれ宿を探していたが、ほかの宿に比べれば、一泊五百ドルという予測値段はやはり安かった。返還日が近づき、華さんに連絡をとると、一泊七百ドルになっていた。それでも安かったのだが、重慶（チョンキン）マンションのゲストハウスの人たちも、香港返還人気を読みきれなかったのだろう。

香港行きの飛行機の運賃も、返還前日の六月三十日に向けて、どんどん値上がりしていった。通常なら、直行便で往復しても四万円ほどだった運賃が十万円を超えてしまっていた。日本から直行便で香港に行くことは難しそうだった。残る選択肢は、ソウルや台北などで乗り換える方法か、中国の広州から陸路で香港に向かう方法だった。しかし乗り換え便も少しずつ高くなってきていた。

僕は広州から香港に列車で向かう方法にトライしようとした。問題は中国のビザだった。当時の中国はまだビザが必要だった。第一章でお話しした状況は終わり、中国も個人旅行者に対して大使館でビザを発給するようになっていた。しかし個人での申請は認められず、旅行会社を通すシステムだった。

その年の一月、僕はテレビの仕事で中国に入国した。中国の北京からシベリア鉄道に乗り、世界を一周する旅の企画だった。それまで何回か中国を訪ねていたが、いつも観光ビザを受けとっていた。しかしテレビの仕事は観光ビザでは難しかった。報道関係者が手にするジャーナリストビザになった。おそらくその段階で、僕の名前は中国大使館のリストに残されたようだ。広州から香港に入るには、中国のビザが必要だった。中国では取材活動は一切しないという内容を旅行会社に伝えたのだが、最終的にビザ申請は却下されてしまった。

理由の説明はなかった。中国はそういう国だった。黙って従うしかなかった。ビザがもらえなければ、中国の広州から陸路で香港に入ることはできなかった。ソウルや台北を経由して香港に向かうしか方法は残っていなかった。中国のビザを待っている間に席が埋まり、六月三十日に香港に向かう便の席はなくなっていた。なんとか手に入れたのが、ソウルで乗り換え、七月一日の夜に香港に着く便だった。

東京からソウルに向かい、そこで香港行きに乗り換えた。その待合室で、僕は首を傾げることになる。席を埋めていた多くは香港人だった。多くが旅行の帰りだった。返還前後の一週間が香港では休日になっていた。それを利用して海外旅行というわけだが、自分が住む街が中国になってしまうというのに、のん気に海外旅行など楽しんでいていいのだろうか……。

ひとつの噂があった。返還後、香港人は中国のパスポートではなく、香港特別行政区のパスポートを手にすることになっていた。香港人が中国に行くときは、回郷(ウイホン)証(ヂン)というパスポートに似た冊子も用意されるようだった。その条件のひとつが六月三十日から七月一日にかけて、香港にいることだという話がまことしやかに流れていた。

それは社会主義国特有の出自を示す戸籍の問題だった。中国では都市戸籍と農民戸籍があった。社会主義国家が成立したとき、農民だったのかどうかで決められた。それは革命の理念にかかわることだった。かつてのカンボジアもそうだった。ポル・ポト派がプノンペンに入城したのは、一九七五年の七月十四日だった。そのとき、プノンペンにいた人は新住民とされ、地方のポル・ポト派支配エリアにいた人は旧住民と呼ばれた。その後、新住民は地方に送られ、その人々を管理するのが旧住民だった。ポル・ポト派の虐殺の被害者の多くが新住民だったといわれる。

香港がそんな事態に陥ることは考えられなかったが、新しく組み入れられる中国の共産党が、なにをいいはじめるのか、香港人の心の底には、いつもその不安があった。

返還前の香港には、さまざまな噂が飛び交った。香港人は大陸の中国人と同じになり、これまでのように外国に行くことは難しくなるのではないかという人もいた。中国のひとりっ子政策が適用され、もう子供が生めなくなるのではと心配する夫婦もいた。香港の法秩序が崩れ、無法地帯になると訴える人もいた。返還と同時に中国の人民解放軍に支配されるという噂も流れた。教会がとり壊されるのでは……と心を痛めるキリスト教徒もいた。

そこにあるのは、中国政府への不信感だった。

世界に残された植民地のなかで唯一、返還を望まなかったのが香港だといわれる。世界の植民地は、宗主国の支配に苦しめられた暗い歴史を背負っていた。独立や返還という形で、植民地支配が終わることに反対する人はいなかった。諸手を挙げて解放されていった。しかし香港だけは違った。

一八四二年、アヘン戦争後の南京条約で、イギリスは香港島を植民地にする。しかしその島は、岩山のような島で、小さな漁村があるだけだった。その後、北京条約で九龍(ガウロン)が割譲され、さらにその北の新界がイギリスに租借され、香港が形づくられていく。このエリアは、インドや東南アジア、アフリカの植民地とは違っていた。多くの人口を養えるような土地ではなかったのだ。イギリスは、香港という土地を植民地にはしたが、そこは中国という広大で膨大な人口を抱える国に分け入っていく橋頭堡（きょうとうほ）のようにとらえていたはずである。

香港がほかの植民地と違う色を帯びはじめるのは、日本軍が占領して後、再びイギリスの植民地になってからだ。中国国民党と中国共産党の内戦を経て、中国に社会主義国家が樹立したあとといってもいい。中国全土、とくに上海からイギリス系の資本が香港に移された。海運や航空会社、貿易を幅広く手がけていたスワイヤー・グループ、金融や不動産だけでなく、上海ではアヘンにもかかわっていたジャーディン・マセソン商会などの拠点が香港に移る。

社会主義を嫌った中国人たちも香港に移り住みはじめた。上海からやってくる人が多かった。いまは二世、三世の時代になっているが、香港人のルーツを訊くと上海という人が意外と多い。重慶マンションのウェルカムゲストハウスの華さんも上海生まれである。五歳まで上海で育った。

その後、中国はつらい時代を迎える。共産党内の主導権争いのなかで、大躍進運動や文化大革命が起きる。そのなかで香港に脱出する人が急増する。大躍進運動は毛沢東（もうたくとう）が打ちだした無謀な増産政策である。そのなかで少なくとも二千万人が餓死したといわれる。文化大革命も膨大な犠牲者を出した。香港に逃れた人々の多くは、中国からの難民だったのだ。

香港の人口は一気に増えた。文化大革命が終わった一九七六年には四百五十万人を超えるまでになった。

そのなかで香港は発展していく。軽工業を中心にした産業も生まれた。子供の頃、香港フラワーという名前を耳にした。プラスチックでできた安物の造花だった。トイレなどに埃（ほこり）をかぶって飾られていた。この造花が香港でつくられていた。汗のにおいのする工場を想像してしまうが、これをつくって大当たりさせた李嘉誠（レイガーセン）は世界的な富豪になった。香港には「白手興家（バークサウヘンガー）」という言葉がある。ゼロからスタートして身を興すといった意味だろうか。そんな生き方は、香港人の理想でもあるらしい。その話になると、必ず登場するのが李嘉誠だった。彼は日中戦争のさなか、両親に手を引かれて、潮州から香港に逃れた人物だった。

一九六〇年代から二〇〇〇年までの四十年間——。香港が最も輝いていた時期のように思う。香港らしさと訊かれ、香港通が答えるものは、この時代に生まれた香港スタイルだった。

「商社を経営する知人がいるんですけど、香港人は組み合わせていく才能があるっていうんです。たとえば高級紳士服。生地はイタリア物を輸入して、それに合うボタンを中国のどこかで探してきて組み合わせて仕立ててあげてしまう。合理的というか、要領がいいというか。マーチャンダイジング能力とかアレンジ力の世界ですね。狭いエリアですから、そうやって利益を生むしかないという面もあるんですけどね。でも、そうこうしているうちにアジアの要(かなめ)の街になっちゃったわけですよ」

アジアの要——。たしかにあの頃の香港にはそんなイメージがあった。

世界を歩くという夢が僕のなかで芽生えはじめたのは高校生の頃だった。しかし東京にすら、一、二回しか行ったことのない信州の松本に暮らす高校生にとって、それは現実味のない絵空ごとでもあった。あれは高校二年生の頃だったろうか。テレビの番組で、いまは倒産してしまったパン・アメリカン航空の世界一周便が紹介されていた。当時、同じ航空会社の便だけに乗って世界を一周できるのは、パン・アメリカン航空しかなかった。この世界一周便は途中、香港の空港に、一日近く停まった。機体のメンテナンスのためだという。その一日を利用して、ビジネスマンたちはスーツを一着つくるという話だった。日本は高度経済成長の熱気のなかにいた。飛行機で移動する世界のビジネスマンたち。その需要を見込んで、ひと晩で高級スーツを仕立ててしまう香港という街。高校生の僕には、遠い世界のことだったが、そんな情報から香港という街のイメージはつくられていった。

それから長い年月が流れた。旅を書くもの書きになった。主なフィールドはアジアである。さまざまな航空会社の便で移動するが、ときに香港のキャセイパシフィック航空に乗ることがある。キャセイパシフィック航空は、それほど安くはないが、ときどきキャンペーン料金を出してくれる。そんなときに航空券を買うことが多いのだが、乗るたびに、その手際のよさに頼もしさすら感じてしまう。

飛行機のサービスというものに期待する内容は人それぞれだろう。おいしい機内食が楽しみという人もいれば、日系航空会社のように、こちらの想いを察知してくれる心遣いを期待する人もいる。なかには、機内で観る映画に関心を示す人もいる。しかし僕は、遅れがないことや、トラブル処理のたしかさに傾いてしまう。

キャセイパシフィック航空は、とにかくやることが早い。とくにチェックインの早さは際立っていると思う。それはどの空港から乗り込んでも思うことだ。

成田空港からバンコクに向かうことが多い。キャセイパシフィック航空に乗ると、途中、香港の空港で乗り換えることになる。ターミナルビルから滑走路までの距離が長い成田空港は、時間帯によっては、離陸が遅れる。仮に香港での乗り換え時間が一時間だったとする。そして成田空港発が三十分遅れ、香港の空港への到着も三十分遅れたとする。乗り換え時間は三十分しかないことになる。この時間で、乗客が乗り換え、預けた荷物を移し換えなくてはならない。それを難なくやってしまうのがキャセイパシフィック航空である。いや、難なくというのは語弊があるかもしれない。それなりの対応を工夫しているのだ。

成田空港を発った飛行機が香港の空港に着く。そこにキャセイパシフィックの職員が待っている。乗り換え客全員がそろったところで、職員を先頭に団体旅行のように進む。空港内の最短ルートを通ってバンコク行きの飛行機まで連れていってくれる。こうしてバンコク行きの飛行機を、定刻に離陸させてしまうのだ。

乗り換える途中で、乗客は免税店に立ち寄ることはできない。それに不満を抱く人はいるかもしれない。しかし免税店での買い物を省略しても、定時運航にこだわる。それがキャセイパシフィック航空のポリシーなのだろう。

職員のあとを足早に歩きながら、僕はいつも、一日でスーツを仕立ててしまう香港の話を思いだす。キャセイパシフィック航空は、機内食が特別においしいわけではない。機内の映画も一般的だ。そういうごてごてとしたサービスには、あまり関心を示さない。それよりも運航スケジュール優先なのだ。

香港らしい航空会社だと思う。短い時間のなかで、そこそこのサービスを提供する。それが香港スタイルだった。

香港は経済発展の軌道に乗った。

キャセイパシフィック航空は、遅延したときの対応も実にうまいと思う

植民地であることに変わりはなかったが、イギリスは「温情ある専制」といわれる植民地政策をとっていた。総督はイギリス人だが、その下で香港を動かしていったのは香港人の官僚たちだった。その小さな政府が生む自由な社会が香港をアジアの流通のハブ的な存在に押し上げていく。金融、貿易、海や空を使った運送業……といった産業が香港に活気を与えていた。自由な空気は、観光客を引き寄せることにもつながった。香港は、シンガポール、台湾、韓国を加えたアジアの四小龍のひとつに数えられていく。そして香港は、ひとり当たりのGDPがイギリスを超えるまでになっていった。

そこには、人口が五、六百万人という要因もあった気がする。この規模だから、脱政治的な自由な香港が生まれた。地下鉄やバスなどのインフラが整うにつれ、スピーディーな社会が可能になっていく。新しい都市システムにしても、導入が比較的簡単だった。そのなかから、香港スタイルが生まれていったようにも思う。

香港人は植民地でありながら、それをうまく利用して豊かさを手に入れていく。中国への返還に香港人が反対したのはそのためだった。植民地でいたほうが繁栄を手に入れやすい空気があった。その背後には、社会主義化した中国を逃れ、自らすすんで植民地に移り住んだという香港人たちの経緯も横たわっていた。そこがほかの植民地との決定的な違いだった。香港に住んでいた人がイギリスの植民地民になったわけではなかった。植民地になった香港に、安全とサクセスストーリーを求めて移り住んだのだ。中国に返還されることに反対したのは、当然の流れでもあった。

豊かになっていく香港に返還が迫っていた。政府間の攻防ははじまっていた。それは見方を変えれば、香港の奪い合いだった。香港は中国からイギリスに出された養子のようなものだと思えばいいのかもしれない。この息子が、やたら商才に長けていて、膨大な金を稼いでくる。その能力をイギリスは手放したくはない。しかし中国は自分の国にとり込みたい……そういう構図に見えてくる。そしてその息子は、植民地という状況が生んだ放任的な自由のなかでなければ、自分たちの商才を発揮できないことも知っていた。

香港人の背負った切なさとは、つまりそういうことだった。生きるために自分たちの能力を発揮し、その成果が出れば出るほど、イギリスと中国が秋波を送ってくるのだった。

香港人が中国への返還を望んでいない——。表面上はそういうことだったのかもしれない。イギリスのサッチャー首相は、香港の植民地としての延長を胸に、中国の鄧小平（とうしょうへい）との会談に臨む。そこで鄧小平から返ってきた言葉は、

「港人治港」

だった。香港人が香港を治めるというものだった。そして、イギリスが応じない場合は、武力行使や香港への水の供給を止めることもあり得るという強い姿勢をにおわせたという。

その一方で、返還から五十年は香港を社会主義化しないことも打ちだしていた。これが一国二制度という政策である。

中国の大義からすれば、香港は南京条約と北京条約という不平等条約によって奪

われた土地だった。中国の軍事力をバックに、そのまま社会主義国である中国に組み入れてもよかった。当時のイギリスは、イギリス病に冒されていた。軍事力では中国に劣っていた。イギリス病とは、社会保障の増加や、電力、鉄道などの国有化のなかで、国民の労働意欲が落ち込んでいく情況……それをこう呼んでいた。

しかし中国は、香港を当面、そのままで存続させる道を選んだ。そこには西側社会への配慮もあっただろうが、香港が稼ぐ資金が必要だったからだ。一九六〇年代、香港が得ていた外貨は、中国の全外貨の五〇パーセントにも達していたという。

この方針は、文化大革命の時期からの路線でもあったといわれる。文化大革命の波は香港にも及んだ。深圳に人民解放軍が集まる事態も起きた。これに対して、周恩来は「八字方針」を打ちだす。八字方針とは「長期打算充分利用」だった。これをなんと訳したらいいだろうか。「長期的な利益を考え、香港を十分に利用する」といった感じだろうか。これが一国二制度につながった。鄧小平も、「資本主義を保証しなければ、香港の繁栄と安定は維持できない」と表明する。

もっともこの手法は、中国共産党が考えだしたものではなかった。清の時代まで続いた中国の王朝は、辺境地域を利用することがよくあった。辺境を対外国との窓口に使い、ときに緩衝材にも利用した。

外貨を獲得するために、香港だけで個人旅行用のビザを発給したのはその好例だろうか。文化大革命が終わり、改革開放路線に舵を切った中国にとって、香港が稼ぐことができる資本主義という体制を切り捨てるわけにはいかなかったのだ。中国とイギリスの間で、香港返還交渉がはじまった一九八二年、香港と中国のひとり当たりのＧＤＰは十八倍近い開きがあったという。中国のＧＤＰは約三百アメリカドルほどにすぎなかった。

返還交渉は難航した。イギリスは返還を前に、香港に欧米型民主主義を植えつけようとした。しかし中国は、それを「西方民主」、つまり西側の民主主義として警戒した。しかし双方の妥協のなかで、返還後の香港は少しずつ形づくられていく。だが、そこに激震が走る。天安門事件だった。それを機に、香港人の民主化運動が盛りあがる。民主化を交渉のカードに使おうとしていたイギリスは、香港の民主化を急ぐことになる。

天安門事件の前夜、僕は上海にいた。北京でのデモを受け、上海の路上も、湧きあがるようなデモに埋まっていた。いったいどこからデモ隊が進んでくるのかわからなかった。僕は浦江飯店（プウジアンファンディエン）というホテルのドミトリーに泊まっていたのだが、中心街の南京東路（ナンヂンドンルー）に向かうのもひと苦労だった。デモ隊で埋まった道がなかなか渡れないのだ。学生もいたが、工場で働く人もいた。病院で働く人々は白衣でデモに参加した。

しかし上海では、北京の天安門の情報はもちろん、上海で起きていることの概要すらつかめなかった。デモの詳細は、いっさい報道されなかった。

僕は浦江飯店と道を一本隔てた上海大厦（シャンハイダーシァ）というホテルに入り、ドアの下に差し込んである英字新聞を失敬してきた。上海大厦の前でそれを開くと、あっという間に人だかりができた。皆、僕が手にする新聞に視線を落とす。英文だから、ほとんどの人がわからないはずだった。検閲を受けている新聞だから、どこまで報道されているのかもわからなかった。しかし上海の人々は、食い入るように新聞をのぞき込む。いまにして思えば、上海の人々は皆、政府の出方に関する情報を必死に求めていたのだ。

僕は上海で一週間ほど出航を待ち、香港行きの船に乗った。乗客の大半は香港人だった。それから約一カ月後、天安門では人民解放軍が武力弾圧を行い、数百人ともいわれる人々が犠牲になる天安門事件に発展する。

事件の翌日、多くの香港人の顔つきが変わっていたという。香港の政府機関、すべての学校、そして企業が中国政府に抗議し、犠牲者への哀悼を表明する。中国政府への不信感は、イギリスやカナダへの移民を急増させた。僕が乗った上海から香港までの船のなかで麻雀ばかりしていた香港人の多くも、唇を噛んだはずだった。そして一九九二年、クリス・パッテンが、香港の最後の総督として着任する。それまで中国とイギリスは、返還後の香港について、いくつかの合意を重ねてきていたが、パッテンはそれを無視するかのような改革をはじめる。

彼は選挙の方法に手をつけた。日本の国会にあたる立法評議会の議員の選出方法を、より民主的なものにしようとしたのだ。一九九五年の立法評議会は、普通選挙二〇議席、職能別選挙三〇議席、選挙委員会選出一〇議席とすることで、中国とイギリスは合意していた。職能別選挙というのは、ヨーロッパのギルドが起源とされているもので、建設業界、教育界などの職業別に選出する議員である。選挙委員会は登録した有権者が選んだ議員で構成されていた。パッテンの改革案は、その人数を変えないまま、新設される職能別選挙の議席を普通選挙方式にし、選挙委員会選出枠を区議会議員が互選する形にするものだった。

香港の選挙は、中国とイギリスの綱引きのなかで決められてきたから、かなりわかりづらい。僕も何回となく説明されたが、しばしば混乱してしまう。簡単にいえば、パッテンの改革案は、大幅に民主化された選挙方法への移行だった。これらを中国政府に話さないまま実行したため、中国政府と激しく衝突する。中国政府は、パッテンのことを、「千古の罪人」とまで呼んだ。

香港は、中国とイギリスの不協和音のなかで返還日を迎えることになる。香港人にしてみたら、先のことはあまりに不透明な返還だった。

しかし香港の街はお祝いムードだった。

僕が香港に着いたのは、返還日当日だった。いつも通りの入国審査を終え、そっとパスポートを開いてみた。香港特別行政区とか中国といった文字が刻まれたスタンプになっているような気もしたのだ。しかしそこにあるのは、「香港」という、四カ月前に入国したときとまったく同じスタンプ印だった。

いつも通りの路線バスに乗り、重慶マンションに向かった。空港は以前の啓徳(カイタック)空港だった。ここから路線バスに乗ると、重慶マンションから少し離れたバス停で降りなければならなかった。大粒の雨が降っていた。

ひとりの日本人が同じバス停で降りた。

「重慶マンションですか？」

向こうから声をかけてきた。篠つく雨のなかを傘をさして歩きはじめた。

「今日は休日なんで郵便局が休みなんです。だから空港の郵便局まで手紙を出しに行ってきたんですよ。でも、ひどい雨だな。昨日の晩は、この道にも人があふれていたんです。花火を見る人たちでね。香港ってビルの街じゃないですか。花火が上がっても、ビルに遮られてあまり見えないんですよ。ただあの歩道橋の上に立つと、ビルの隙間から花火が見えたんです」

問わず語りに彼はいうのだった。

重慶マンションは大変なことになっていた。いつにもましてエレベーターは混みあっていた。ウェルカムゲストハウスも満室だった。僕がこの宿を確保したと聞いて、三人のカメラマンとふたりの香港好きが相乗りしてきた。彼らはさまざまなルートで、昨日から香港に入っているはずだった。

僕はデザイナーのNさんと相部屋だった。彼は部屋にいた。Nさんはオタク系で、香港に滞在しても料理やブランド品にはほとんど興味を示さず、信和中心（ソンウォーヂョンサム）というビルに入り浸っていた。このビルには、怪獣のフィギュアなどのオタクグッズがぎっしりと詰まっていた。このビルのなかにある店は、世界中からオタクグッズを集め、さまざまな国の若者を香港に引き寄せていた。流通のハブという発想は、フィギュアまで触手を伸ばしていた。

オタク系のNさんにとっても、香港返還は一大事だった。彼は六月二十九日から香港に入っていた。

「とにかくね、騒いでいるのは欧米人と日本人だけなんですよ。どこへ行ってもね。酒を飲んで騒ぐ欧米人や日本人を、香港人が遠巻きにして見ているって感じ。日本人の若い女性なんて、チャイナドレスを着て騒いでる。誰が主役なのかさっぱりわからないんですよ。香港人はとりあえず、なにも変わっていません。違い？　そうだな、重慶マンションの客引きが消えたぐらいかな。とにかくどのゲストハウスも外国人で満室なんだから、商売にならないんですよ」

あまり街歩きはしなかった。欧米人向けのパブが並ぶ蘭桂坊（ランカイフォン）には行ってみた。たしかに騒いでいるのは欧米人と日本人だけだった。

祝返還――。そんな気分にはどうしてもなれなくて。毎日、九龍半島の南端埠頭から香港島を眺めていた。香港は中国に返還されたというのに、街の眺めも、香港人もなにひとつ変わらなかった。

ウェルカムゲストハウスの華さんとは何回か話をした。

「返還の前夜は、孫を連れて花火を見にいったよ。すごい人だったけど、きれいだったなぁ。あんなに大がかりな花火は、香港じゃはじめてじゃないかな。なにを思ってた？　子供や孫たちの健康かな。国家に入るわけだから、いろいろあるかもしれないけど、元気ならなんとかなるよ」

元気ならなんとかなる……。たしかに香港人は、そうとしかいえなかったのかもしれない。行く先のことは、誰にもわからなかった。香港では、学校の教科書が一斉に変わる。人民解放軍が深圳まできている……。そんな噂ばかりが飛び交っていた。重慶マンションは、フリーランスのカメラマンやジャーナリストであふれていた。部屋を確保できなかったカメラマンは、階段の踊り場で寝泊まりしていた。彼らは皆、香港人のいい表情が撮れないと嘆いていた。

それから数年の間、香港は意外なほど静かだった。返還前の緊張からすると、肩すかしをくらったようだった。返還前に流れた噂に動揺し、イギリスやカナダに移った富裕層も、「大丈夫だ」とわかると、しだいに香港に戻ってきた。

肩すかしをくらったのは僕だけだろうか。旅行者として香港と中国というふたつのエリアを体験した身にすれば、その社会は違いすぎた。世界に流れる情報は、香港にいれば自由に得ることができたが、中国は違った。ふたつのエリアのGDPにはまだ、大きな開きがあった。中国にしたら、香港は中国に戻ったのだから、中国のシステムを押しつけてくるような気がした。中国にも沽券(こけん)というものもあるだろう。

しかし中国は動かなかった。香港への不干渉を貫いた。江沢民（こうたくみん）はこの方針を、「井水不犯河水」という中国の諺（ことわざ）を使って答えた。井戸の水は河の水を犯さない……そんな意味だろうか。河とは中国で、香港は井戸である。

動かない中国は、さまざまな臆測を呼んだ。そこには中国独特の政治手法があった気がする。返還後の中国と香港の接触はほとんどが非公式だった。水面下で……といわれるものである。中国側はまったくといっていいほどその内容を公表しなかった。香港側にしても、中国からの非公式のアプローチの真意を測りかね、なかなか公表できなかったのかもしれない。中国式の根まわしである。中国共産党スタイルといっていいのかもしれない。倉田徹の『中国返還後の香港』（名古屋大学出版会）には、こんな話も出ている。中国政府のなかで、いったい誰が香港問題を担当しているのか、香港側には知らされていなかったというのだ。

――香港地区選出の全人代代表である呉康民（ごこうみん）さえも、「なぜ我々が知り得ようか。全人代の選挙で中央の指導者を確定した後、誰も国務院の責任者の分業について知らせてくれない。理屈の上では、誰が香港マカオ問題を担当するかは、全人代香港マカオ代表団がまず知るべきであるが、誰も通知してくれないのである」と述べている。

全人代とは国会議員にあたる人たちだ。香港サイドは中国側の交渉相手を知らされていなかったのだ。これは社会制度以前の話だろう。中国の歴代王朝から引き継がれたスタイルなのだろうか。

返還後の初代行政長官は董建華（とうけんか）になった。彼は海運会社を経営していたが、経営危機に陥った。そのとき、中国側から一億二千万アメリカドルもの資金援助を受けて経営を立て直したといわれる。中国側にしても、そういう人物が、香港側のトップである行政長官には適していた。香港側で人気が高かったのは陳方安生（アンソン・チャン）だったが、選挙の前のルール改正で立候補が難しくなる。もちろん裏で動いていたのは中国だった。そんな董建華でさえ、中国政府の担当に精通しているわけではなかったといわれる。

表面上は香港への不干渉を貫きながら、水面下で接触してくる中国の動きは、さまざまな臆測を呼ぶ。中国には香港より優先順位が高い問題が山積しているという見方もあった。西側社会の反発を織り込み、しばらくは静観しているのに違いない……という人もいた。そこには、香港が経済的に潤うことが、やがて中国にはプラスに働くという伏線も見え隠れしていた。しかしどれもがたしかなものではなかった。沈黙し、香港問題への反応が鈍い中国は不穏だった。中国は狡猾なのか、それとも余裕がないのか……。香港人は進む方向を探しあぐねていた気がする。

しかし香港経済は勢いを失っていった。中国が香港に干渉しなければ、経済は当面は安泰、と見られていたのだが、タイにはじまったアジアの通貨危機がボディーブローのように効きはじめる。アジアの流通のハブ機能で利潤をあげる香港にとって、その流通元である国々の危機は痛かった。そこに追い討ちをかけたのが二〇〇三年のSARS（サーズ）だった。正式には重症急性呼吸器症候群というが、当時は新型肺炎と呼ばれていた。中国の広東省で発生したこの感染性は、香港、台湾、カナダ、シンガポール……と広がり、世界で八千人を超える人たちに伝染し、最終的には七百七十四人が死亡した。香港でも千七百人以上が感染し、二百九十九人が死亡した。SARSが広まるなか、WHO（世界保健機関）は香港を渡航禁止地区に指定した。香港にやってくる観光客はいなくなってしまった。

当時、香港にいた日本人女性はこんな話をしてくれた。

「街から本当に、観光客の姿が消えてしまいました。日系企業の社員や家族は皆、帰国命令が出て日本に帰ってしまう。私も日系企業に勤めていたんですけど、現地雇いだったんです。香港で採用されたから、日本からの駐在員とは待遇が違ったんです。つまり香港人と同じ立場。だから香港に残っていました。上司は駐在員で、出張先から香港に戻ってきませんでしたね。千室もあるホテルに勤めている人に聞いたんですけど、その日の宿泊客は三人だけだと……。そんな状況だったんです」

物を流通させ、人を海外から集めて利益を生んできた香港に、SARSは壊滅的な影響を与えた。香港の経済は、一気に停滞してしまうのだ。

いまにして思えば、SARSの起きた二〇〇三年がターニングポイントだった。実質的な香港の中国返還はこの年にはじまったといってもいい。中国の介入がはじまるのだ。それは偶然だったのか、このタイミングを中国は見計らっていたのか。

香港に駐在していた商社マンはこんな話をしてくれた。

「ネットではいろんな話が飛び交っていました。はじめ中国は、広東省で発生したSARSを隠していた。それが香港に広まったわけですから、そこを結びつける香港人もかなりいました。中国はSARSを香港に押しつけた……と。でも、こういう情報を公表しないのは、SARSにはじまったことじゃないでしょ。天安門事件にしても、中国国内ではほとんど報道されていないわけですから。中国に、そこまでの読みはなかった気がしますね。やはり香港の運命だった気がします」

二〇〇三年の七月一日に、香港で大規模なデモが起きる。きっかけは民主派の国家安全条例への反対行動だったが、集まった香港人の意識は違った。停滞する香港の経済、つまりは生活の苦しさに対する不満の矛先を行政長官の董建華に向けた。通貨危機からＳＡＲＳへと続いた逆風のなかで、香港は最悪の経済状態に陥っていた。その不満を、「董建華は辞めろ」という抗議に込めていた。このデモへの参加者は五十万人にも達した。

これに対して中国が動いた。「経済救港（ギンヂャイガウゴン）」政策を次々に打ちだしたのだ。香港を救う経済政策である。

まず一部の中国人の香港への個人旅行が解禁された。二〇〇三年七月二十八日に広東省の四都市の人々が個人で香港に行くことができるようになった。九月には北京と上海の中国人も香港への旅行が解禁された。同時に香港の銀行が中国の人民元を扱えるようになった。そして香港への投資移民もこの年に発表されている。

投資移民については追って触れるが、これを機に僕のような旅行者が見る香港が劇的に変わっていった。

あの頃の香港の雰囲気を鮮明に思いだすことができる。街の色彩が急に暗くなったような気がしたものだった。当時、香港人と中国人の服装はだいぶ違っていた。中国人のそれは、人民服とまではいわないが、くすんだ色合いが多かった。女性のスカート姿はまばらで、それも膝下までのストッキングを穿いていた。男たちの上着は作業着のようだった。圧倒的にダサかったのだ。

香港へ行くのだから……と彼らはめいっぱいのおしゃれをしてきたのだろうが、スーツ姿の男たちは借りてきた猫のようだった。女性たちは履きなれない靴が痛そうだった。

そこへいくと香港人たちの服装はスマートだった。香港島のビルで働く女性たちのスーツ姿はさまになっていた。欧米ファッションが香港には浸透していたのだから、それは当然のことだったが、そのなかを歩く中国人たちの灰色の服装は、いやがうえにも目立ってしまった。

あれは旺角を歩いているときだったろうか。道に沿ったビルの一階のすべての窓に板が貼りつけられていた。同行していたカメラマンが首を傾げた。

「怪しくないですか。この建物」

見ると、『人民元歓迎』という貼り紙があった。その横に入口がある。ドアを開けると、なかのテーブルはぎっしりと人で埋まり、奥がかすむほどに煙草の煙が漂っていた。麻雀だった。カメラマンがカメラを構えると、ドアの脇に立っていた男性が制止した。麻雀を打っていたのは、その服装から見ると中国人だった。中国では公に麻雀はできなかった。大陸からやってきた人々は、こんなところにも集まっていた。

経済救港——。豊かになりはじめた中国人たちが巣から一斉に出てきた蟻のように香港にやってきた。中国人が落とす金で、香港を助けていく……。それは経済という面からすれば道理にかなった政策だったのかもしれない。しかしやってくる中国人の前で、香港人は唇を嚙むことになる。

香港島の中環(チョンワーン)から金鐘にかけては、香港の政府関係の建物やイギリス植民地時代を記念するモニュメントや公園が連なっている。あの頃、この周辺で記念撮影をすることが、大陸からやってきた中国人たちの定番のようになっていた。男たちは、両手を腰にあて、胸を張るようなポーズをとる人が多かった。その顔は、まるで香港を征服したかのように満足げだった。

香港——。そこは大陸の中国人にしてみれば憧れの土地だった。

香港と中国の境界のひとつに、沙頭角(サータウコッ)という裏国境のようなチェックポイントがあった。香港への個人旅行は解禁になったが、それは大都市や広東省の人々に限られていた。中国は、香港旅行を解禁する一方で、香港に行くことができる人を経済力で選別していた。豊かさを享受しはじめた都市住民は香港に向かうことができた

信号のない交差点にはイギリス式のライト。車が停まってくれる。中国とは違う

が、農村に暮らす人々にはなかなかその許可が下りなかった。しかしその人たちも香港へは行きたい。そこで突然、前触れもなく開く裏国境をつくっていた。いってみれば、香港へ行くことができない人々のガス抜き国境だった。それが沙頭角だった。

一度、深圳から小型バスに乗って、その国境を訪ねたことがあった。現地で訊くと、国境は突然に開くというより、大人数でまとまって越境しようとすると、警備にあたっている公安職員が見て見ぬふりをするということのようだった。いってみれば「赤信号、皆で渡れば怖くない」式国境だったのだ。

もっともそのまま、九龍や香港島に

行けるわけではなく、裏国境を越えたところにある中英街（チョンインガーイ）止まりだった。そこに香港で流通している物が売られていた。香港の中心まで行けない人々は、そこで少しだけ香港の空気を味わうことができたわけだ。実際には、中英街で買ったものを、中国国内で売りさばくのだが……。

この中英街は、香港が中国に返還される前からあった。当時、大多数の中国人は香港に行くことができなかったわけだから、その頃は中国全体の裏国境として機能していたのだろう。規模が小さかったから大目に見られていたということだろうが、それほどまでに香港というエリアへの熱い思いはあったのだ。香港には欧米のものがあふれ、自由に買うことができる。香港の人々は、中国人の十倍以上の賃金を得ている豊かな人々だった。そして自分たちが目にしたこともない豪華な食事を味わうことができる。それは一時の日本という国に抱いたアジア人の憧れにも似ていた。いや、それ以上の羨望だったのだろう。香港人は自分たちと同じ漢民族なのだ。

その香港に、自由に行くことができるようになった。彼らと同じものを食べ、買いものも自由にできる。店に入れば、香港人が頭を下げてくれるのだ。自分たちは、そこまで豊かになったのだ。

勝ち誇ったかのように、香港島で記念写真を撮るのは無理のない話だった。浮か

深圳側の沙頭角ゲート。中国人は、通過できる
瞬間を待つ。その瞬間は突然やってくる

れたように香港の街を歩く心情がわからないわけではない。

しかし中国人を受け入れる香港人は、やはり面白くなかった。貧しくなるということはこういうことなのか……。二〇〇三年九月末から、地下鉄の車内放送に普通話(プウトンホア)が加わった。普通話とは北京語に近い言葉で、中国の標準語である。日本語の感覚では普通語だが、中国漢字では普通話と書く。放送は広東語、英語、普通話の順だった。これは僕にもわかった。広東語と普通話の意味はわからないが、発音はかなり違う。香港人は、そんなことからも、経済救港の現実を知らされた。

その頃の世界は、アルカイダ、タリバンといったイスラム過激派の問題が渦巻いていた。彼らの資金を断ち切るために、金融界にはさまざまな制約が生まれていた。それまで自由経済を謳歌してきた香港にもその影響が出ていた。重くなる一方の空気のなかで、金だけはもった中国人が次々にやってきたのだ。

そのあたりは、香港にいた日本人も感じとっていた。当時、香港にいた駐在員がこんな話をしてくれた。

「デパートのSOGOがセールをやっていて、買いものに出かけたことがあったんです。いつもの感じで、『少し値引きしてくれない』っていうと、店員から『あそこを見なさい』っていわれました。そこには中国人がいて、ちゃんと定価で買って

中英街は、簡単に香港に行くことができなかった時代、中国人の憧れだった。かつて深圳の高層ビル最上階のカフェの名前にもなっていた

るんですよ。

中国人が湧いてくるように香港にやってくるようになって、香港人は普通話を口にするようになった。でも、あまりうまくはないんです。中国人は、自分の国なんだから当然……といった面持ちで普通話を口にする。しかし香港人の応対には、微妙な間があるんですよ。さっと答えない。なにかその間のなかに、香港人の思いが込められているような気がしてね。香港に駐在する日本人は、普通話がある程度わかる人が多かった。皆、同じことをいうんです。あの間が嫌だって。それからですよ。僕は香港で英語を使うようになった。そのほうが気持ちがいいんです。あの心になにか秘めたような間が耐えられなかったですね」

香港人は店に来る中国人に笑顔で応えた。金離れは香港人よりはるかによかった。ビジネスとはこういうものだ……という割り切りが香港人のなかにはある。しかしそれは、中東からやってきた金持ちへの受け答えとはどこか違った。笑顔の底におさまりのつかないものが残った。大陸からやってくるのは、同じ漢民族だった。かつては香港に憧れ、薄汚れた顔で貧しいそばを啜っていた中国人だった。

中国人たちは列をつくらず、我先にと買いものをする。高価な皿に料理を盛りつけ、中国人に出すのだが、食べ終わると彼らは、それを煙草の灰皿にしてしまう。

そんな態度にかちんとくる。客だと自分にいい聞かせても、納得のいかないものが澱(おり)のように心に残った。

日本人の間でも、香港の魅力は色褪せていった。それは返還直後からはじまったことのようにも思う。中国への返還は、どこか消費税の導入に似ていた。返還前には駆け込み需要の、ちょっとした香港ブームが起きたが、そこには、返還されれば香港は中国になるという意識が織り込まれていた。

日本人のなかには〝嫌中〟に傾いている人が少なくない。しかし香港は中国ではなかった。イギリスのにおいのする国際的な都市だった。

しかし年老いた香港人の多くは、日本への反感を抱えていた。香港は一九四一年から四五年まで日本に占領された。日本軍を嫌い、中国本土に逃げた人は七十万人にも達したという。香港の経済は完全にストップした。香港人のなかには、家族が日本軍の犠牲になった人もいた。

一度、日本人の知人四、五人で香港を訪ねたことがあった。そのときは香港人の知人がいろいろと手配してくれた。香港島の南海岸で船に乗ったとき、彼からこういわれた。

「乗船したら日本語は一切、口にしないでください。船頭のおじさんの家族は、戦争中に日本軍に殺されたそうなんです」

緊張した面持ちで、小舟の木製の椅子に座った記憶がある。

香港の人たちは、そんな過去に触れずに日本人を受け入れてくれた。それは政治的であっても、いまだ抗日意識を前面に出す中国とは違った。香港が返還されれば、反日意識が表面化してくると考えた日本人もいたかもしれない。しかし多くの日本人は、そこまでの認識はなかった気がする。単純に中国になってしまった香港が嫌だったのだ。

しかし実際の香港はなにも変わらなかった。少なくとも、二〇〇三年までは、昔のままの香港だった。水面下での動きはあったが、観光レベルでの変化はなかった。

しかし観光客の心理はナーバスなものだ。ちょっとしたデモが起きただけで敬遠する人もいる。香港は中国になるという植えつけられた意識は消えることはなかった。

二〇〇三年から、多くの中国人が香港に姿を現し、香港を訪ねる日本人はさらに減っていった。さまざまな話が僕の周りでは飛び交っていた。

「街が汚くなってしまった」

「英語が以前のように通じないんだよ」

「中国人さまさまって感じが伝わってきて、ちょっと不愉快だよな」

香港人の肩をもてば、そんなことはなかった気がする。英語を忘れたわけではなかったが、次々にやってくる中国人たちのパワーが、英語文化を抑えてしまっただけのように思う。しかし日本人の香港へのマイナスのベクトルは、弱まることはなかった。

僕はそんなステレオタイプの日本人意識に反発もしていたが、ある壁画を見たとき、少し動揺した。あれは二〇〇四年の七月頃だったろうか。地下鉄の九龍塘（ガウロントン）駅近くの住宅街を歩いていたときだった。道に沿って小学校があり、その塀に子供たちの絵が描かれていた。暑い日だった。湿った空気が街全体を包んでいた。なにげなく、その絵を見ていた。宇宙船が描かれていた。そこに『神舟五号』という文字があった。二〇〇三年の十月に成功した中国の有人宇宙船だった。

経済救港とは直接の関係はないのだが、二〇〇三年の十月、この宇宙船と乗組員が香港にやってきた。中国では、「香港への大きなプレゼント」と報じられたという。元気のない香港を活気づけるという意味あいでは、救港だったのだが、「中国の快挙を香港人も喜びなさい」といっているようでもあった。それは大人たちの感覚だったが、それを見た小学生は素直に反応したのかもしれなかった。卒業記念なのかもしれないが、子供たちが塀に『神舟五号』を描きたいといったとき、先生はいったいどう答えたのだろうか。

二〇〇三年七月のデモのあと、香港の政界で愛国者論争があったことをあとで知った。きっかけは中国政府だった。政府の要人たちは何回となく、「香港は愛国者である香港人が香港を統治すること」だと繰り返した。愛国とは、中国に対する愛国である。これはデモのあと、普通選挙の要求を鮮明にしていった香港の民主派を念頭に置いたものだった。

中国人がいう愛国という言葉にはいいイメージがなかった。上海で反日デモが起きたときだった。日本領事館に石が投げられ、近くの日本料理店が壊された。そのとき、デモに加わった男たちが口にした言葉が、「愛国無罪」だった。その言葉には、愛国者であればなにをやってもいいような不遜なにおいがあった。

しかし中国政府はしきりと愛国という言葉を口にした。はじめの頃、香港サイドもその真意を測りかねていた。中国政府は、デモやその後の民主派の要求に危機感を抱いたことはたしかだった。二〇〇四年の台湾の総統選挙で中国には批判的な民進党の陳水扁（ちんすいへん）が再選されたことも無縁ではないという。しかし中国政府は、必要以上に、愛国にこだわっているようにも映った。

二〇一四年十月一日、香港に向かう飛行機に乗った。香港エクスプレスというLCCだ。羽田空港を朝の六時台に出発する。チェックインは午前三時からというつらいフライトだった。

やはり気になった。

九月二十八日、香港の学生や市民が、金鐘や中環、そして九龍半島側の旺角の路上を占拠した。その数は数万人にのぼった。

早朝に出発した飛行機は、朝の九時台に香港に着いてしまう。重慶マンションのウェルカムゲストハウスに荷物を置き、地下鉄に乗った。最初に旺角に向かった。地下鉄を出ると、いきなり路上占拠の場所に出てしまった。十月の香港はまだ暑い。大きな仮設テントが張られ、その下に市民や学生が座り込んでいる。占拠がはじまった夜、警察は催涙弾を放って排除しようとしたが、火に油を注ぐ結果を招いてしまった。その反省からなのか、占拠する路上に警察官の姿はなかった。抗議行動のシンボルは黄色いリボンだった。皆、胸にリボンをつけている。学生たちは黒いTシャツ姿だ。女子学生も多い。彼女らのなかには髪に黄色いリボンをつけている子もいる。路上では学生たちがリボンをつくり、集まってきた人に配っている。少し迷ったが、僕もリボンを受けとった。

昼近くになり、人が集まってきた。路上にシートが広がり、僕もそこに座った。女子学生が水やバナナ、額に貼る冷却シートを配っている。バナナを一本もらった。考えてみれば、朝からなにも食べていなかった。バナナがやけにおいしかった。

占拠された道の両側にある棚は、学生たちが書いた貼り紙が所狭しと貼られている。『撤回人大決定』『学生必勝』『還我自主権』『我是香港人　我要真普選』『香港加油』……。『冷静』『克制』と興奮する自分たちにいい聞かせる文字もある。漢字だから、だいたいの意味がわかる。文字を読み、そこで座り込む学生たちの姿を見ると、ツンと鼻の奥が熱くなる。大学時代、学生運動のデモのなかにいた六十歳の日本人は、こんな光景に弱い。当時の空気が重なってきてしまう。

そこから地下鉄で中環に向かい、金鐘まで歩いた。六車線もある道が学生や市民で埋まっていた。

二〇〇四年の四月初旬、唐突にその発表は香港に伝わった。それまで香港の政治の動きには不干渉を続けてきた中国政府が、二〇〇七年以降の行政長官と立法会議員の選出方法を審議するという内容だった。そして同じ月の下旬、二〇〇七年の行政長官選、二〇〇八年の立法会選挙では普通選挙を行わないという決定を下した。

　ここでいう普通選挙とは、日本が行っている選挙である。有権者が立候補をひとり一票で選んでいく方式である。なぜ、香港の選挙でこの普通選挙が焦点になるかといえば、返還時に発効した香港の憲法ともいうべき、正式には香港特別区行政区基本法という香港基本法にこう記されているからだ。『中国返還後の香港』には、こう翻訳されている。

――行政長官の選出方法は、香港特別行政区の実情および順序を追って漸進するという原則に基づいて規定され、最終的には広汎な代表性のある指名委員会が民主的な手続きによって指名した後、普通選挙で選出するという目標に至る（第四五条）

――立法会の選出方法は、香港特別行政区の実情および順序を追って漸進するという原則に基づいて規定し、最終的には全議員が普通選挙によって選出されるという目標に達する（第六八条）

　なぜ、普通選挙を行うと素直に表記できなかったのかといえば、この内容が中国とイギリスの交渉のなかでのぎりぎりの妥協点だったからだ。中国では一度も普通選挙が行われていないのだから、イギリス流民主主義をそのまま受け入れるわけにはいかなかった。

路上占拠３日目の金鐘。夕暮れどきになると、仕事帰りの市民も加わり、路上は埋まった。僕はそのなかをわけもなく歩きまわっていた

占拠した路上の割れ目に苗を植える学生たちの感性。日本の学生運動とは違う

旺角でははじめの頃、路線バスがバリケードに使われていた

早朝の金鐘。当初、学生たちは夜、路上でそのまま寝ていた

旺角に登場した習近平看板。大陸からの観光客の人気撮影スポット

雨傘は抗議行動の象徴だった。使われた雨傘は何十万本？

「自修室」もできた。占拠した路上は大学キャンパスのような開放感があふれていた

路上にチョークで抗議文を書き続ける。雨で消えても、また彼らは書いていた

公衆トイレには、学生たちの歯ブラシや乳液が整然と置かれていた

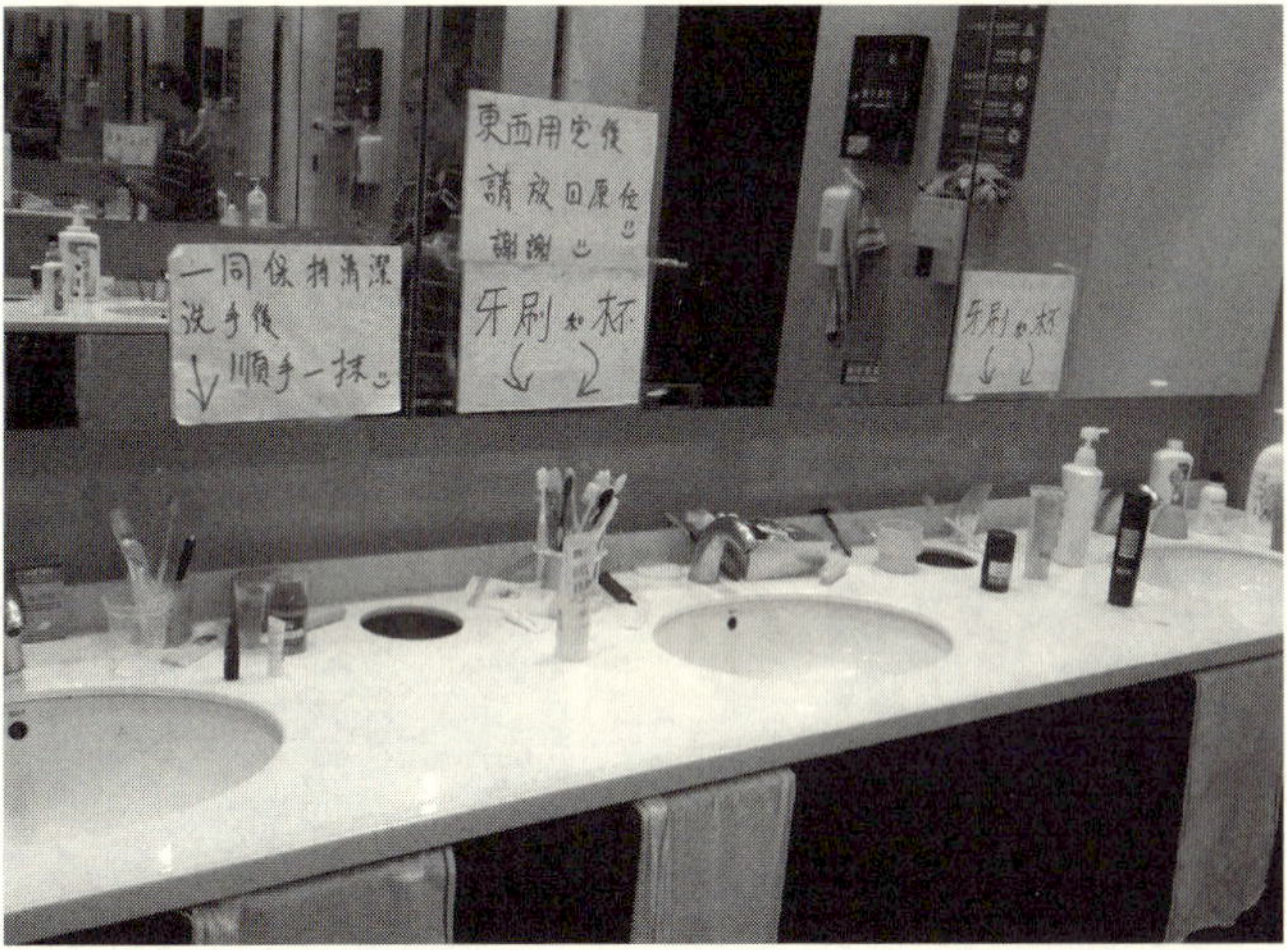

この条文を言葉通りに受けとれば、最終的な普通選挙に向けて、少しずつ進んでいくということになる。

二〇〇七年と二〇〇八年の選挙は中国の意向通りに行われた。そして論点は二〇一二年の次の選挙に移った。ここでも中国政府は、普通選挙を行わないという同じ決定を下したが、以前とは違う内容が含まれていた。それは、二〇一七年の行政長官選挙では普通選挙を行っていいということだった。その後に控えている立法会選挙でも普通選挙を行っていいという内容だった。返還後の香港の選挙を考えれば、それは漸進というより、大きな一歩だった。

しかし中国はひと筋縄ではいかない。二〇一四年八月、中国政府は二〇一七年の選挙について決定を下した。その内容は、普通選挙は認めるが、指名委員会が立候補者を選ぶ方法だった。民主派は事実上、立候補できない仕組みが発表されたのだ。これに民主派や学生が反発し、抗議行動は路上占拠に発展したのだった。

学生たちはさまざまな思いを紙に書いては貼りだしていた。彼らはネット世代だが、自分たちの主張を集まってくれた人たちに伝えるには、紙に向かってひたすら書くことだと気づいたのだろうか。行政長官である梁振英（りょうしんえい）の辞任を要求するチラシが目立った。『振英下台』や『689下台』の文字が躍る。『689』とは、梁振英を揶揄したニックネームだった。行政長官の選挙で六百八十九票しか集まらなかったという意味だ。転じて人気がないことになる。下台は辞任を意味する。

梁振英は三代目の行政長官である。選挙では対立候補の唐英年の人気が高かったが、不動産をめぐるトラブルが発覚し、梁振英が当選した。

もっとも梁振英も、自宅を違法に改築した疑惑や、不動産をめぐる七億円の秘密報酬などの話も出てきた。経営する不動産コンサルタント会社をめぐる話だった。

不動産と政治——。これは返還後の香港での大きな問題だった。路上を占拠する何人もの学生と話をした。彼らの多くが、香港の不動産政策への不満を口にした。

「香港では一生働いても、家を買うことができないんです。買うことができるのは、不動産で利益を得る親中派の香港人と中国の富裕層だけ。香港の政治家は中国と通じているからこういうことになったんです」

学生たちの不満は、普通選挙をめぐるものだけではなかった。だから梁振英の退陣要求だったのだ。

香港で旅行関係の仕事をしている日本人がこう話してくれた。

「香港に住んで十年以上になるけど、ここ十年、格差社会が確実に広がってきていますね。四大財閥のような、とんでもない金持ちが生まれる一方で、貧しい人たちがどんどん増えている。そう感じますよ。つまり、中国とうまくやった人は金持ちになる。そういう世界と無縁な人は、どんどん生活が苦しくなってきている。香港人の不満もそこにあるような気がするな。路上占拠をガス抜きだっていう人もいる。たしかにその通り。でも、香港人のやるせなさはもっと深いですよ」

香港の土地は個人のものではない。しかし借りる期間が九十九年とか七十年と長いため、一見、普通の土地のように売買されている。経済救港を経て、香港経済は立ち直ってきた。その資金の大半は、中国から流れ込んだものだった。そのなかで土地代が高くなっていく。しかし土地を供給し、管理するのは香港政府である。そこから不動産業者と香港政府がつながっていく。資金の出どころは中国だから、中国と親しくなることが、不動産で利益を上げる唯一の方法になっていった。

香港では財閥が形づくられていった。新鴻基(サンホンケイ)、恒基地産(ハンケイデイチャン)、新世界集団(サンサイカイヂャープテュン)、長江(チョンゴン)実業(サッイップ)は四大財閥といわれる。そのすべてが、不動産デベロッパーである。長江実業は、この章でお話しした李嘉誠が率いる企業集団である。香港フラワーというプラスチック製の造花で大儲けした人物である。白手興家——一時は理想的な生き方として評価する香港人が多かった。しかし李嘉誠は、その資金をもとに不動産業に転身していく。そのあたりから、彼への反感が芽生えはじめた。不動産価格をつり上げ、莫大な利益を上げた……と。
不動産で利益を上げる大手デベロッパーに対して、「地産覇権（デイチャンバーキュン）」という言葉が生まれた。不動産によって香港を支配するといった意味になるだろうか。実際、香港の政治家たちは、財閥の支援がなければ力も発揮できないといわれる。不動産会社が、香港の政治を動かしてしまうのだ。

この話はここ数年、僕のような旅行者の耳にも、何回となく届くようになった。一度、仕事で世話になった相手と昼食をとることになった。いつもは茶餐廳（チャーチャンテーン）ですませているのだが、そういう相手でもない。思いだしたのが、一度、連れていってもらった飲茶店だった。尖沙咀（チムサーチョイ）にあった。ビルのなかでふたつのフロアを使った大型飲茶店だったが、なかなかおいしい点心が運ばれてきた。その店にしましょうか……と口にすると、その相手からこういわれた。

「あの店、なくなりましたよ。いい飲茶の店だったんですけどね。なんでも家賃を三倍にするって、ビルのオーナーからいわれたそうです。突然にね。要は出ていけってことですよ。しかけているのは、四大財閥のどこかです。出ていったあとに自分の傘下の店を入れるんですよ。香港から、独立系の店がどんどんなくなってるんです。もう街が変わってしまうぐらい。香港がどんどんつまらなくなってくる。これで財閥はひと儲けですね。これもある種の地産覇権かもね」

予感は僕のなかにもあった。香港の空港に着き、重慶マンションに行くためにバス乗り場に行く。A21のバスをぼんやり待っていると、やってくるバスに書かれた宣伝のほとんどが『周大福(チャウダーイフッ)』なのだ。香港のバスはすべて、『周大福』のロゴになったのではないかと思えてくる。『周大福』は、繁華街のあちこちにある宝石店である。そういう世界には縁がないので、一度も入ったことはないが、いつも黒い服を着た店員が店頭にきちんと立っている。この『周大福』も不動産を手がけている。四大財閥のひとつである新世界集団の主要なメンバーでもある。昔の香港のバスには、もっといろいろなロゴが躍っていた。『出前一丁(チョッチンヤッディン)』のあの出前坊やも車体に描かれ、香港の街を走っていた。

香港の不動産を高騰させた一因は、投資移民制度だった。香港の経済が落ち込んだ二〇〇三年にはじまった。当初、六百五十万ドル、日本円にして約一億円を不動産や金融資産などに投資すると、香港の居住権がもらえ、その期間が十年になると永住権を手にすることができた。この制度の対象から中国人ははずされていた。中国人は中国の居住権のほかに、第三国の永住権をもっていることが条件になっていたからだ。これは中国のいう経済救港ではなかった。香港が海外の国々から投資を呼び込むためにはじめたものだった。投資移民はさまざまな国で制度化されている。投資ビザと呼ばれることも多い。日本では、働くことができるアメリカの投資ビザが知られている。

しかし中国に生まれた膨大な資金は、この投資移民にすり寄っていく。仲介役は香港の不動産業者だった。目をつけたのはアフリカのガンビア共和国やギニアビサウ共和国だった。これらの国は金を払うだけで永住権をとることができた。香港の業者が受けとる手数料は二十万ドル、約三百万円ほどだという。こうすることで、中国の居住権をもち、第三国の永住権をもつ中国人が誕生する。そして彼らは香港の居住権を得るために、香港の不動産に一億円の投資をするというカラクリだった。

中国の富裕層や共産党幹部の役人たちは、国の監視や規制を逃れるために資本を海外に隠しもとうとしていた。その思惑と香港の投資移民制度がぴたりとはまってしまった。

一億円もの資金を不動産に投資する人が次々にやってくるわけだから、香港の不動産はさらに高騰する。そこで香港のデベロッパーはさらなる利益を手にするという構図だった。

二〇〇九年から二〇一〇年にかけ、香港の不動産価格は五〇パーセントも上昇し

『周大福』の店で貴金属や宝石を買うのは、中国人ばかり。店舗は急増した

たといわれる。中国からの投資は、香港を振りまわしていた。

これに対して、香港政府は、二〇一〇年に投資移民制度から、不動産を一時除外することを発表する。同時に投資額も一千万ドルに引き上げた。

香港政府は、もっと早い時期に、不動産への投資をやめたかったといわれる。価格が上がることがわかっていたからだ。しかし中国の共産党幹部などがいい顔をしなかったという話は、香港人がよく口にする。香港に不動産をもち、同時に居住権も手に入れることができる。欧米に比べれば言葉も通じる香港は都合のいい存在だった。妻や子供たちもそれを望んでいた。香港の不動産価格が上がれば、資産も増える。それを売り抜いてもいい。そのためには、香港のデベロッパーとの親密な関係が必要だった。こうして中国と香港の開発業者は不動産バブルをつくりだしていった。

不動産投資は難しくなったが、香港への投資移民熱が冷めたわけではなかった。報道によると、二〇一三年に投資移民を申請した中国人は、前年の倍にもなったという。これまでこの制度で香港の居住権を得た中国人は一万七千人を超えていた。香港の投資移民の約九割は中国人なのだという。

習近平(しゅうきんぺい)政権が進める汚職撲滅策のなかに、資産の海外移転も含まれている。家族が第三国の永住権を手にした政府の職員は昇進の対象からはずすという発表もあった。しかし海外に資産を移した中国人は、すでに百万人を超えているともいわれる。そして香港には、香港人が買うことのできない不動産が残った。

一国二制度として、返還後の香港と中国はスタートした。この体制は五十年続くことになっている。逆に考えれば、五十年後には、香港と中国は同じレベルに達するということでもある。しかしそれは香港の中国化なのか、中国の香港化なのか……誰にもわからない。

社会主義国家としてはじまった中国は、改革開放政策のなかで、資本主義的なシステムをとり入れてきた。社会主義という制度の特徴は、土地や産業の国有化、計画経済、一党独裁に絞られてくる。しかし中国では、民間企業が席巻（せっけん）し、土地は借りるという形態だが資本主義社会のように取引されている。計画経済の色はすでにない。その流れは、中国の香港化ということなのかもしれないが、違いは唯一、中国共産党の一党独裁、そして選挙だけだという人もいる。香港の民主派の要求が選挙制度に収斂（しゅうれん）していくのはそのためだ。しかし、普通選挙への要求を「無駄」という人は少なくない。中国は一党独裁を捨てるわけにはいかないからだ。中国が繰りだす選挙の改革案は、どこか中国の将来への実験ともとれなくはないが、しかし「中国式民主」は、一党独裁の枠を超えるものではない。

長い植民地時代を経て中国に返還された香港は、本当の意味での普通選挙を経験したことはない。路上を占拠する学生たちの多くは、返還された頃に生まれた子供たちだ。だからよけいに普通選挙というものに憧れるのかもしれない。

「普通選挙っていっても、いろいろ問題がある。買収とか、投票の強要とか……。イメージがつかめる？」

「ＡＫＢでしょ」

皆が笑った。

「ＡＫＢって日本の？」

「そう」

「でも、あの選挙はＣＤを買わないと投票できないんでしょ」

「でも、すごく明朗」

「香港より？」

「そう」

二十歳前後の学生たちはくったくがない。

学生たちが要求しているものは普通選挙かもしれないが、その奥に潜んでいるものは明朗な社会かもしれなかった。香港と中国の関係は裏交渉で決まっていくことが多い。それが中国式ということなのかもしれないが、それを受け入れ、中国にすり寄った人たちだけが得をする。そして気がつくと、大手の開発業者が香港を席巻し、個人がアイデアひとつで成功する白手興家も消えていってしまった。その閉塞感が学生たちを包んでいた。彼らはそこに反発しているのかもしれなかった。大人たちは黙って中国の富裕層に頭を下げてきたが、自分たちは違う……と。

ＡＫＢと口にした青年は、日本に帰国した僕にしばしばメールを送ってきてくれた。

「夜中にヤクザのような男たちがやってきた。はじめて見るタイプ。少し怖かった」

「旺角にいる友達が反対派に押されてけがをした」

旺角での衝突はしばしば起きた。あるときは大粒の香港らしい雨が降る夜だった。それに乗じるように反対派が押しかけた。食糧を保管しているテントが壊された。しかし学生たちは引かなかった。

十月下旬、再び香港に向かった。ＡＫＢといった青年を、金鐘の路上を占拠する学生のなかから探そうとした。十月中旬、彼からのメールがぷつりと途絶えてしまった。

彼の友人がみつかった。

「もう、あいつは来ないと思うな。彼の母親は公務員だから」

父を小学生の頃に亡くしたと聞いた。彼は公務員の母が大きくしてくれたのだ。学生に占拠された路上を風が通り抜ける。一時に比べればだいぶしのぎやすくなった。

『風吹雨打不退譲』

『父母為我哭了　我為将来哭了』

学生たちが書いた垂れ幕が風に揺れる。

"You may say I'm a dreamer. But I'm not the only one."

そんな垂れ幕もある。ジョン・レノンが書いた「イマジン」の歌詞……。その文字も風に舞う。今晩は雨になるかもしれなかった。

その日は中環まで歩いた。スターフェリーに乗って、尖沙咀に戻った。九龍半島の南端埠頭から香港島のネオンを眺める。ウェルカムゲストハウスの華さんの言葉を思いだした。

「元気ならなんとかなるよ」

彼は上海に行ってしまった。もう戻ってはこないかもしれない。

テレサ・テンがはちまきに書いた『民主萬歳』

民主派や学生たちが占拠する金鐘（ガムヂョン）の大通り。中央分離帯や壁、柵に貼られた無数のチラシのなかに、こんなものをみつけた。

台灣交換生撐香港（台湾の留学生が香港を支援する）

台湾の学生も応援に来ているようだった。

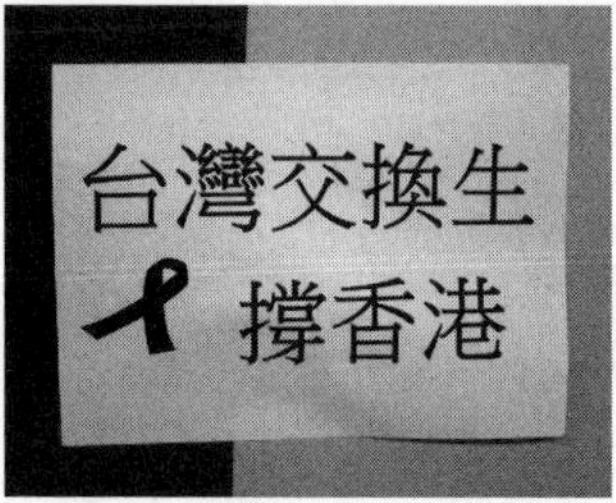

香港の路上占拠は、台北の市長選などにも影響を与えたといわれている

香港の課題は、台湾の問題でもあった。「今日のマカオは明日の香港」という言葉があるが、「今日の香港は明日の台湾」ともいえた。中国にしても、香港問題の対応を間違えると、台湾に波及することはわかっていた。

二〇一四年の三月、台湾の学生が、国会にあたる立法院を占拠する事件が起きた。太陽花学運とも呼ばれ、日本ではひまわり学運ともいわれている。

相手はやはり中国だった。台湾はいま、中国寄りの国民党政権である。総統は馬英九（ばえいきゅう）が務めている。国民党政権は、中国とサービス貿易協定の締結を進めていた。サービス貿易協定は、金融、出版、通信、医療などの分野で、中国と台湾の市場を互いに開放していく政策だ。野党や市民、学生らは、馬英九が密室協議でこの交渉を進めようとしたことに反発した。この手法は、馬英九というより、中国がよく使う方法だった。

しかし人々の不安は、これまで以上に、中国が台湾に入り込んでくることだった。中国寄りの国民党政権になり、両エリアの人々の行き来は頻繁になった。中国人観光客が大挙して台湾にもやってきた。台湾人も香港人と同じように、マナーに欠けた中国人の行動に顔をしかめた。いまにもまして、経済や医療、通信などでの開放が進む。それは中国の巨大資本への怖れだった。台湾に中国の資金力が嵐のように吹き荒れるのではないか……。そんな危惧が心を占めていた。

この協定締結に反対する学生たちの立法院占拠は二十四日間に及んだ。馬政権が、協定を監視するシステムをつくると譲歩し、占拠は終わった。

それを受けたような、香港の路上占拠だったのだ。

香港と台湾の人々は、中国という巨大な国家の勢いに常に晒されている。そしてふたつのエリアは、いつも互いを見ている。

テレサ・テンという台湾に生まれた歌手がいた。僕は年に一回、彼女の墓参りをしている。台北からバスで一時間ほどの金山の近くに彼女の墓がある。ときどき、同じように墓参にやってくる人に出会う。その半数以上が香港人だった。

テレサ・テンは外省人である。父親は大陸から台湾に渡ってきた。彼女の人生を追いかけるスペースはないが、台湾、そして日本で人気を得た彼女は、最終的に拠点を香港に移す。レコード会社も台湾の楽風から香港ポリグラムに移籍する。そして彼女がいちばん充実した音楽活動を続けたのが香港だった。

「香港は大好き。そう、最初から好き。いまも大好きです」

彼女の人生を描いた『テレサ・テンが見た夢』（平野久美子著、晶文社）にそんな一文がある。

大陸から台湾に渡ってきた外省人は、台湾を支配していったが、もともと台湾に住んでいた内省人との間には軋轢が多かった。それに比べれば香港は自由だった。彼女は香港でやっとのびのびと生きることができるようになった気がする。

そんなとき、天安門事件が起きる。香港では、中国民主化支援のマラソンコンサートが行われた。

――あの日はテレビで生中継をみてたんですけど、居ても立ってもいられなくなっちゃって……。（『テレサ・テンが見た夢』）

彼女はそのまま会場に駆けつけ、ステージに上がる。そのときの写真が、同書には載っている。サングラスをかけ、メイクもしていない。頭には自分で書いた『民主萬歳』という文字が躍るはちまき。胸には『反対軍管』というゼッケンをかけていた。その姿で、『我的家在山的那一邊（私の家は山の向こう）』を歌っている。中国共産党に追われた外省人の歌だ。

そんなテレサ・テンの存在を、香港人は知っているのだ。そしていまでも墓参にやってくる。

中国に振りまわされる香港と台湾。テレサ・テンの墓を見ながら、いつも考えてしまうのだ。

第五章

マカオ

福隆新街

辿り着いた安宿街は、
売春街だった

街なかを、さしたるあてもなく歩きまわるという僕の旅のスタイルをはじめたのは、マカオの歴史建造物などが世界遺産に認定されてから、しばらくたった頃だった。

マカオはかつて、マカオ半島と氹仔島（タイパ）、路環島（コロアン）で構成されていた。しかし氹仔島と路環島の間の海は一九六〇年代から埋めたて工事が進み、いまでは地続きのひとつの島のようになってしまった。大型カジノやリゾートも、このエリアに建っていた。

しかし、歴史的な建物は、半島サイドにしかない。マカオの歴史の大半は、半島のなかに刻まれているわけだ。マカオの歴史の本を読んでも、氹仔島や路環島の話など、まったくといっていいほど出てこない。

マカオで最大の暴動が起きたのは、中国が文化大革命に揺れている時期だった。氹仔島にあった中国人学校を増改築しようとしたところ、マカオ政庁が許可を出さなかった。これに怒った住民が、拳を挙げたことに端を発している。この暴動は、

「一二・三事件」と呼ばれている。詳しくは第六章で触れるが、この事件ぐらいしか氹仔島の地名が出てこない。路環島になると、さらに影は薄い。静かな漁村があるだけの島だった気がする。

街歩き派には、氹仔島や路環島、そして埋めたて地の路氹(コタイ)には食指が動かなかった。マカオ空港は氹仔島にあるから、飛行機が下降していくとき、島の様子が見える。そこにあるのは、大きなビルや発電所のような建物ばかりだったからだ。

二〇一四年、この島や路氹などにあるショッピングモールやカジノ、リゾートをなにも知らないのも……と思いたち、無料のカジノバスに乗ってみた。しかし車窓から眺める街には、歩く人の姿がなかった。街歩きを考えるところではなかった。

僕にとってのマカオは、やはり半島サイドだった。

さしたるあてもなく——と冒頭で書いたが、マカオ半島の土を踏んだときから、そんな歩き方をしたわけではなかった。日本の旅行雑誌や旅行会社のポスターなどで、しばしばマカオを目にしていた。世界遺産に認定されたマカオは、カジノの街というイメージを払拭(ふっしょく)したいかのように、セナド広場やセントポール天主堂跡の写真を前面に押しだしていた。知り合いには、旅行誌やガイドブックにかかわる人が何人かいたが、彼らのもとには、マカオ政府観光局の招待が届いていた。彼らの書く記事にも、セナド広場やいくつかの教会が登場していた。そんな誌面をちらちら見ていたから、その地名がすっかり刷り込まれてしまっていた。

それは追体験のような旅だったが、やはり気になった。自分の旅をはじめる前に、一応、押さえておくか……と、まずセナド広場に行ってみた。

気持ちのいい広場だった。この一画だけ、周囲に背の高いビルがない。空が高いような気になる。新馬路（サンマーロウ）側から入ると、すぐに噴水があり、その奥にクリスマスツリーを模した大きな塔がつくられていた。巻かれた電飾が夜になると光るのだろう。周囲の建物は、同じベージュ色に塗られていた。

広場はモザイク模様に石が埋め込まれていた。よく見ると、波を描いていることがわかる。ポルトガルは、四百五十年以上も、マカオに居座っていた。この模様は、ポルトガルの首都であるリスボンのペドロ四世広場をテキストにしているのだという。

広場の奥で道はふたつに分かれた。『大三巴牌坊（ダーイサームバーパーイフォン）』と書かれた案内板に沿って歩いていく。これがセントポール天主堂跡だった。周りに土産物屋が並ぶ道を登っていく。正面に天主堂が見えてきた。この天主堂は三回も火災に遭い、いまはファザードという石づくりの前壁しか残っていなかった。

セナド広場。噴水奥の楼閣は中秋を祝った張りぼて。
写真効果を狙った演出？

僕のなかには、ひとつのイメージがあった。弾圧を逃れた日本人キリシタンだ。彼らを乗せ、九州を出発した船がめざしたのが、このマカオだったという。そのなかには、キリシタンではなかったが日本を脱出し、やがてタイのアユタヤで名をあげた山田長政もいたといわれる。山田長政を描いた小説がある。遠藤周作の『王国への道』（新潮社）だ。そのなかに、こんな一節がある。

――マカオの真中は丘になり、その丘にはイエズス会の修院と教会と学院（コレジオ）が建っていた。（中略）一六一四年、追放された日本人切支丹たちがそれを見て歓声をあげたのもこの修院と教会と学院だったのである。

それがセントポール天主堂なのかはわからなかった。しかし別の資料には、セントポール学院教会とも書かれている。小説に登場する教会と学院はこれではないかとも思うのだ。セントポール天主堂の前壁の上から二段目には、菊の装飾が刻まれている。これは日本人の大工が彫ったものだと伝わっていた。

日本を脱出したキリシタンが目にしたものはこの天主堂ではないにしても、彼らはマカオに暮らすわけだから、このあたりにいた可能性は高かった。

天主堂跡の手前には、六十段を超える石段があった。僕はそこに座り、四百年ほど前のマカオを想像してみたかった……。

「ふーッ」

僕は石段の手前で溜息をつくしかなかった。そんな状況ではなかったのだ。とにかく石段は人だらけなのである。ほとんど全員がスマートフォンやタブレットを手にしている。そして皆、自分を入れて、バックに天主堂の前壁という構図で写真を撮ろうとするから、とにかく時間がかかる。まるで、ここに立っていることの証明写真撮影大会なのである。

大陸からやってきた中国人たちだった。

この混雑は、セナド広場から続いていた。広場はそれなりのスペースがあるのだが、噴水前が撮影ポイントらしく、そこを通り抜けるのが大変だった。ぼんやり立っていると、背中をどんと押されてしまう。人を掻きわけるように進んだが、天主堂跡へ続く坂道で、人の渋滞が起きる。立ったまま、器に入った肉だんごや焼いた肉を食べるから、人の流れが滞ってしまう。キャスター付きの鞄を引きずる人が多く、それにつっかかりそうになる。それほど気温は高くないというのに、額に汗がにじんでくる道だった。

「こりゃ、だめだ」

と呟（つぶや）くしかなかった。

マカオは全体で三十平方キロほどの広さしかない。中国の珠海(じゅかい)との間につくられた国境を通過し、バスに乗れば、二十分ほどでセナド広場に着いてしまう。日帰りで、カジノ遊びや買い物に来る人も多いのだろうか。そのついでにセナド広場とセントポール天主堂跡も……そんな中国人が、世界遺産をぎっしりと埋めていたのだった。

日曜日の昼頃だった。それもいけなかったのかもしれない。

まるで追いだされるように、僕は街歩きをはじめるしかなかった。ポイントはひとつ。中国人が大挙して押しかける観光地をはずすことだった。

マカオが中国に返還されたとき、ポルトガル人は、こういい残してマカオを去っていったという。

「香港のイギリス人のように、金やビジネスはつくれなかったけど、建物だけは残していきます」

マカオの人々にしたら、ずいぶん勝手な宗主国に映ったに違いなかった。いったい、この古い建物や教会をどうすればいいというんだ……。

しかし老朽化が進む建物をただ眺めているわけにはいかなかった。

世界遺産……。マカオには、それしかなかった気もする。幸いなことに、中国人は世界遺産が大好きな人たちだった。訪ねることより、選ばれることのほうが好きな性格という気がしないでもない。

ユネスコが認定する世界遺産は、文化遺産、自然遺産、複合遺産に分けられる。そのうち、中国には三十三もの文化遺産がある。はじめて認定されたものは万里の長城で一九八七年だった。その後、年に一～三カ所が認定されていった。広くて人口の多い国だから、多くの文化遺産があって不思議はないが、中国人を見ていると、国の威信と文化遺産をだぶらせているような節すらある。世界の文化の中心は中国といっているわけではないが、その背後には中華思想が見え隠れする。だから、世界遺産の申請には、ことさら力が入る。

マカオは中国に返還される前から、歴史的建造物の整備や修復をはじめている。そのあたりは、返還後、カジノと世界遺産で生きていく——といったマスタープランがあったような気さえする。その思惑は、中国と一致していた。

整備される前のセナド広場の写真を見たことがある。中央に噴水はあるものの、その周りは車道である。そこには何台もの車が停車していた。この車道を潰し、リスボンの広場風に変えていく計画は一九九〇年代の前半に立てられた。カテドラル広場や点在する教会の修復もはじまった。

二〇〇五年、それらは世界遺産に登録されることになるが、マカオにしたら、それは悲願だったはずだ。しかし、これほどの中国人が、世界遺産を見にやってくるとは思っていなかった気もする。豊かになった中国人は、ヨーロッパのような風景のなかで自分の写真を撮ることができる観光地を求めていた。世界遺産登録をめざして進められたマカオの整備は、経済成長の波に乗った中国人心理とシンクロした。

こうして僕の街歩きははじまった。偶然に出合った教会の内には中国人の姿はなく、ときに海の底のように静かなスペースもあった。しかしキリスト教徒ではない僕は、そこに三十分ほどいる程度で、また街を歩きはじめた。

荷蘭園大馬路（ホーランユンダーイマーロウ）、雅廉訪大馬路（ンガーレムフォンダーイマーロウ）、黒沙環馬路（ハックサーワーンマーロウ）と進み、気がつくと中国との国境近くまで歩いていたこともあった。暑い時期は、道端で苦い涼茶（リョンチャー）を飲みながらの散策だった。新馬路を西に向かうことも多かった。内港にかけての道は、まるで迷路のようで楽しかった。

世界の街には、歩いていくと方向感覚が乱れてしまうタイプと、なんとなく進んでいくと見覚えのある一画に出るタイプがある。マカオは後者だった。街の規模が

狭い坂道が続くが、バイクや車は意外にスピードを出すマカオ人気質

坂道と階段にそそられて進むと、行き止まりになっていることもしばしば。そんな街歩きを続けた

小さいためだろうか。どこかリスボンの街に道のつくりが似ているような気もしたが、それは、かつてはポルトガル……という先入観を通してのことだったかもしれない。

迷路歩きは香港とは違う魅力があった。香港の道は、どちらかというとまっすぐにつくられていて、平坦だった。しかしマカオのそれは、不自然と思われるほど曲がり、ときに急な坂道や石段まで出現する。坂道をのぼっていくと、ビルの一階の駐車スペースのようなところに出、不安を抱えながら、さらに進むと、石段があり、そこを息を切ってのぼると、車が走る道に出るようなことがよくあった。マカオは港だった。それも横浜のような大きな街ではなく、尾道や小樽のような風情が伝わる街だった。

僕の街歩きにはひとつだけ目的があった。それは宿を探すことだった。ぴかぴかのカジノホテルに泊まる気にはなかなかなれなかった。それにこの種のホテルは高かった。カジノで本格的に金を動かす人は、一泊一万円を超えるホテル代も気にならないらしい。百万円とか一千万円といった資金でカジノのテーブルに臨む人は得意客で、カジノホテルも無料でスイートルームを提供する世界である。僕には縁のない領域だった。香港には重慶（チョンキン）マンションという居場所があったが、マカオにはま

道は狭くても歩道をつくる。これがポルトガルの伝統だろうか

福隆新街は世界遺産の街を意識している？　でも世界遺産じゃありません

だ、そんな宿がなかった。

街歩きの果てに辿り着いたのが福隆新街(フッロンサンガーイ)だった。空港かフェリーターミナルから、カジノホテルが運行する無料バスに乗り、まっすぐに福隆新街に向かうようになるまで、七、八年がかかっている。その間に、数回、マカオを訪ねては、街歩きに没頭していた。福隆新街がベストというわけではなかったが、安宿の密度からすると、ここしかなかった。

福隆新街はセナド広場からは目と鼻の先だった。歩いても三、四分の距離である。何年もかかって、この通りに辿り着いたわけで、なんだか無駄な年月を費やしていたような気にもなったが、その間に、マカオの裏道にはかなり詳しくなった。得たものといえば、それぐらいだったが。

福隆新街に平行して走る新馬路というバス通りは、日本の雁木(がんぎ)づくりのような構造になっていた。雁木づくりは、軒から路上にひさしを二、三メートル張りださせ、その下を歩道にするものだった。豪雪一帯の市街地によくある。歩く側からすれば、屋根つき歩道の感覚である。しかしマカオのそれは少し違っていた。ひさしを張りださせるのではなく、歩道の上が二階の部屋になっていた。どういう土地契約になっているのかはわからないが、道に沿った家の一階に歩道があるような構造である。

埋めたて地に住みついた中国系の人たちの家並み……嫌いじゃありません

目的は雪ではなく、強い日射しと雨対策だ。マカオは香港と同じように重い雨が降る。夏場の日射しは強く、湿度も高い。ときに強い台風にも襲われる。それを防ぐのがこの構造だった。

そこを歩いていると、台湾の台北市内を歩いているような錯覚に陥った。台湾の街も、この構造になっている通りが多かった。違いといえば、台北の歩道は膨大なバイクの駐輪場になっているぐらいだった。マカオのそれは港の街らしく幅も広くないから、バイクを置くスペースがない。かえって歩きやすかった。

マカオと台湾——。僕のなかでは、街歩きでつながっていた。香港にはない街のつくりだった。

福隆新街や近くの火船頭街（フォーシュンタウガーイ）には、十軒を超える宿があった。宿代はまちまちだった。バスとトイレが共同という旅社スタイルでクーラーなしの部屋なら七、八十パタカだった。当時の両替レートで千円前後である。旅社というのは、東南アジアの中国系エリアに多い安宿である。その宿代は重慶マンションより安かった。クーラー付きで二百パタカを切る宿もあった。

昔から宿の予約をするということが好きではなかった。あたり前の話だが、予約した宿に行かなければならなかった。その宿を探すのが面倒なのだ。今日はどこまで行くことができるだろうか……という旅を長く続けてきた。宿はその日に辿り着いた街で探すスタイルである。予約などできないのだ。僕にしても、安くて快適な部屋であるに越したことはないが、一晩、寝させてもらえれば……文句はなかった。こういう旅を続けていると、宿というものへの許容範囲は限りなく広くなっていく。いまのような情報もなく、通信手段も頼りなかった頃も、人々は旅をしていた。宿の予約などしないスタイルの旅だった。旅の宿というものは、そこに対応していたわけだから、僕もそれに乗ったほうが気楽だった。

香港の重慶マンションのよさは、めざすゲストハウスが満室でも、その隣、別の階と辿っていけば、必ず空室がみつかることだった。マカオでもそうしたかった。

福隆新街(ドンフォンロイディム)は、予約なしでも部屋がみつかる一画だった。

東方旅店(ドンフォンロイディム)に新華大旅店(サンワーダーイロイディム)、高華酒店(ゴウワーヂャウディム)……さまざまな宿に泊まった。気まぐれに宿に入って料金を訊き、そこに決めてしまうことも多かった。

はじめて泊まったのは東方旅店だった。軋(きし)む木製の階段を三階までのぼると、薄暗いフロアに出、どんと置かれた木製のテーブルの横にあるベッドに、おばさんが座っていた。テーブルの上には、食べ残したそばの丼が見え、床には猫の餌の入ったトレーがあった。どうもここが受付のようだった。代金を払うと鍵を渡された。

ベニヤ板一枚で仕切られた部屋に貧相なベッドが置かれていた。壁は天井まで達しない典型的な支那宿のつくりだった。両隣、いや、さらにその先の部屋の声も筒抜けになる。アジアの古い宿では珍しい構造ではなかった。チャイナタウンの安宿に泊まるとこんなタイプの部屋はよくあった。中国人は閉所恐怖症が多いのではないかと思うことがある。閉めきられた場所が苦手なのだ。かつてはトイレも開放型が多かった。

僕はときどき、中国系の飛行機に乗るが、中国人のなかにはトイレで鍵を閉めない人がときどきいる。知らずに開けると、便器にしゃがんだ中国人おじさんににらまれたりする。「すいません」といってドアを閉めるのだが、おじさんは鍵をかけることはしない。近くで順番を待っていると、ほかの乗客がやってくる。なかに人がいることを伝えようとするのだが、トイレが空いているランプを確認してやってくる乗客も多いから、僕が口を開く前にドアを開けてしまうのだ。そして、「ソーリー」という声が機内に響く。きっとその乗客もにらまれたのに違いない。しかし、そのおじさんは鍵を閉めようとはしないのだ。そういう人には、この支那宿スタイルのほうが、心が休まるのだろうか。

部屋は簡素を通り越した貧しさが募ったが、一応、小さなテーブルや汚れた鏡も

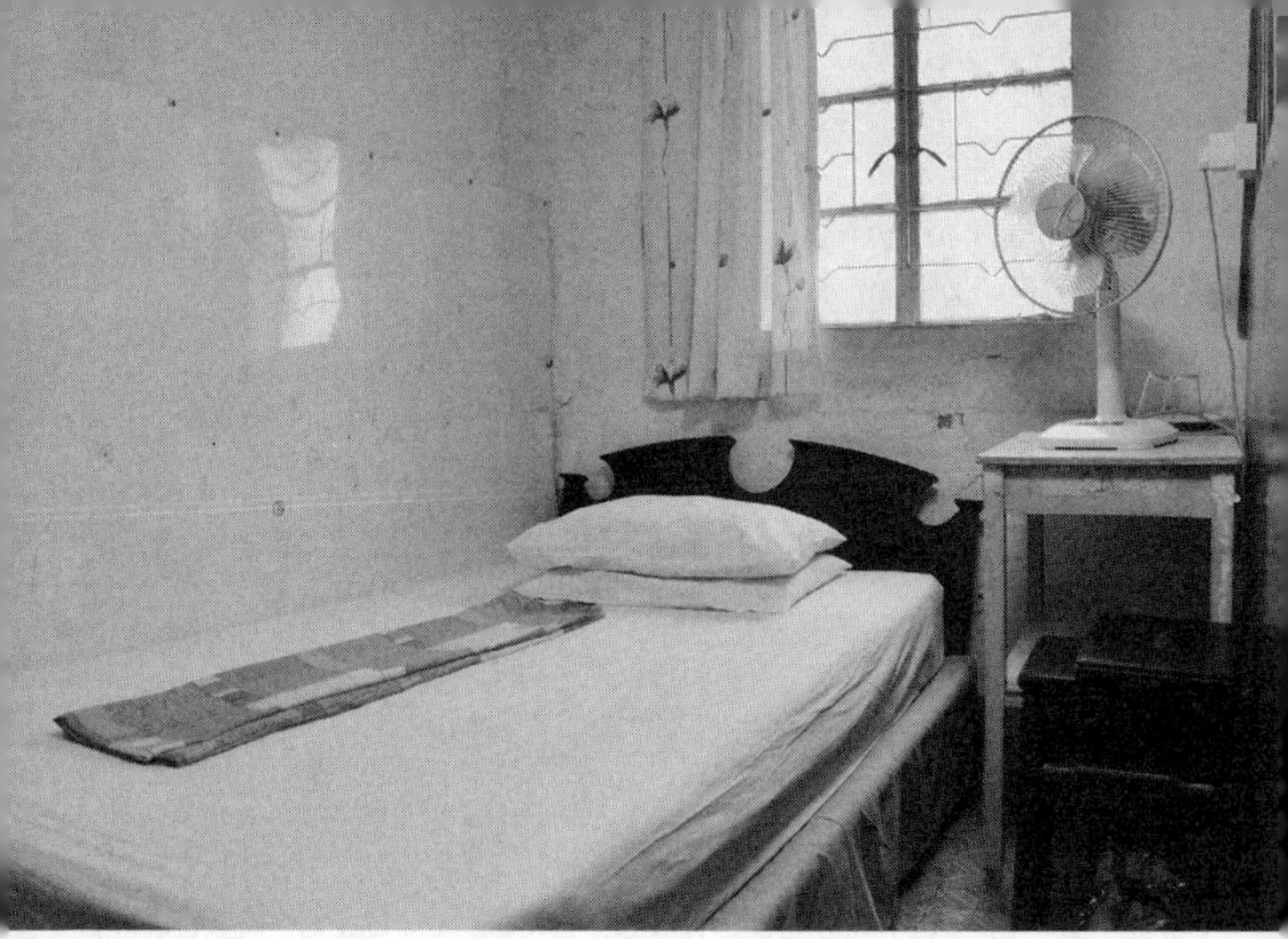

新華大旅店のいちばん安い部屋。200パタカ。独房みたいという人もいる

あった。トイレとシャワーは共同だったが、部屋の隅には小さな洗面台もあり、水も出た。そして窓の外には、小さなテラスもあった。物置になっていたが。かつては、それなりの宿だったのかもしれなかった。いや、金持ちの家のなかをベニヤ板で区切っただけなのだろうか……。

夜の十一時をすぎた頃に少しにぎやかになることがあった。足音が聞こえ、男の声と女の声が宿のなかに響いた。天井付近が開いているから、声がよく通る。会話は広東語だったから、その詳しい内容はわからなかった。しかしふたりの男とひとりの女ということは声色でわかる。おそらく、男のひとりは客引きだろう。夜になると曖昧宿になるようだった。

その予感はあった。この宿は三階にあったが、二階の階段脇に小部屋があり、そこに化粧の濃い中国人女性が数人座っていた。マッサージ店ということなのだろうが、本来の目的は違うことはすぐにわかった。そういう宿だったのだ。

しかし夜、外から声が聞こえてきた日はそう多くはなかった。

僕はこの宿で、台湾を感じとっていた。僕が台北で泊まるのは、台北駅の北側にある古びた宿だった。一泊二千円ほどと安く、駅に近いせいか、この種の宿の入口には、必ず、「住宿600元、休息300元」などと書かれていた。住宿というのは一泊することである。休息とは……休息である。

台湾の宿は連れ込み宿と一般宿の境が曖昧だった。かつての支那宿には、本当の休息もあったという。そこでお茶を飲み、昼寝をする場所でもあった。つまりはなんでも受けつける多機能宿なのだ。

しかし台湾の休息と書かれた宿に入っていくカップルは見たことがない。最近は売春婦も使わない。今日日（きょうび）、新しい設備の整ったシティーホテル風の宿がいっぱいあるわけで、かびと煙草のにおいが染みついたような古びた部屋に彼女を連れてこようものなら、一気に険悪な空気が漂うはずである。売春婦にしても、清潔で新しいホテルのほうがいいわけで、宿代を支払うのは男なのだから、やはりシティーホテル風に誘うのだった。「安くて、雰囲気がある」などと嬉々として泊まるのは、昔のアジアが妙にしっくりとくる日本人の物書きぐらいかもしれなかった。

マカオも情況は同じだった。東方旅店は三十以上の部屋数があったが、泊まっているのは二、三人で、怖いぐらいに静かな晩が多かった。ときどき聞こえるのは、宿のおばさんが飼っている猫の鳴き声ぐらいだった。

しかしマカオの人々の反応は違った。福隆新街に泊まっているというと瞳が曇った。

「だってあそこは売春街でしょ」

最近はそうでもない……と反論しても、刷り込まれたイメージは消えないようだった。観光地は中国人観光客であふれ、カジノホテルの柄でもない僕にしたら、ここしか行く場所がないのだから、白い目で眺められても、やはり福隆新街だった。

いま、香港からのフェリーは外港と呼ばれるマカオ半島の東側の埠頭に着く。しかし、この港ができる前は、半島の西側の内港が中心だった。福隆新街はその内港とは目と鼻の先だった。

マカオ人はときどきこんなことをいう。

「香港はカジノと売春をマカオに押しつけたんです。ついでにヤクザも……」

それは流通や金融という実業で利益をあげた香港と、さしたる産業もなく、カジノに頼ったマカオの違いのようにも映る。その売春の部分を引き受けていたのが港に近い福隆新街だったのだ。

この一帯は埋めたて地である。古いマカオの地図を見ると、海岸線は、セントポール天主堂跡あたりである。この天主堂跡に向かった左脇に古い城壁がある。これも世界遺産なのだが、この壁で外敵の侵入を防いだのだという。つまりこの壁は、海岸線の丘の上につくられていたのだ。天主堂跡の東側には丘があり、その上にはいくつもの大砲がいまも残されている。しかしその大砲はさして大きくもない。正面には、感嘆を通り越して笑いがこみ上げてしまうほど派手なグランド・リスボアというカジノホテルが見える。弾丸は蓮の花を模したという建物の花びらあたりまでは届くかもしれないが、その向こうの海にはとても届かないだろうと思っていた。しかし当時、海はずっと手前にあったわけだ。そこに現れたオランダ船などを、この大砲で狙ったのだろう。

その地図を見ると、セナド広場も港が間近にある。この広場は、船から降ろされた物資の市場だったという。

その後、埋めたてがはじまり、いまの内港までマカオ半島は広がった。そこに住みついたのが、中国系の人々だった。戦乱を逃れてやってきた広東人が多かったのだろうか。当然だが、この埋めたて地には世界遺産に値する歴史的な建物はなにもない。ごみごみとした中国人の街が広がり、その間を狭い道が迷路のように延びている。

世界遺産に登録された建物や広場の修復や整備は続いている。周辺の家の外壁も、それっぽく塗り替えられたところも多い。はっきりいって、僕が根城に決めた福隆新街よりずっときれいなのだ。歴史的な建物が石づくりということもあるのかもしれない。しかし福隆新街の建物の多くは木造の二階建てや三階建てである。外観はこちらのほうが老朽化している。

僕が辿り着く街はそういうところか……と鼻白む思いもあるが、汗とごみのにおいが漂い、夜ともなると赤いネオンが路上に佇む女性を映しだす街のほうが、なぜかしっくりくるのは、生まれもった性分なのかとも思うのである。

福隆新街を中心に歩くことが多くなった。よく歩くのは、十月初五日街（サップユッチョーシーヤッガーイ）である。十月五日はポルトガルの建国記念日で、そこから命名されたのだが、ヨーロッパのにおいがまったくしない古い商店街である。ここには飲茶屋や香港の茶餐廳（チャーチャンテーン）のような店から、金物屋、スーパーなどが並んでいる。このスーパーではよく買い物をする。観光客の姿は見えないが、妙に落ち着いてしまうのだった。

福隆新街を根城にした平和な日々がしばらく続いた。しかし二〇一〇年頃から、なんだか様子が変わってきた。その頃、マカオでは大型高級ホテルが次々にオープンしていった。一泊の宿代が十万円を超えるようなリゾートホテルも話題になっていった。

マカオから流れてくるそんな話も、僕には縁のないこと……と受け流していたが、あれは二〇一一年だったたか、いつものように福隆新街に向かい、東方旅店に行くと、おばさんは、一泊百八十パタカになったというのである。以前は八十パタカだったはず……。

「一斉に値上げです。だいたい二倍から三倍になりました」

「うそだろ……」

と天を仰ぎ、近くの宿で値段を訊きまわった。新華大旅店は百パタカの部屋が二百パタカになっていた。高華酒店は三百パタカが六百五十パタカになっていた。

「今日は五百五パタカに値引きしますよ」

そういう問題ではなかった。

知りませんでした。マカオのタイルをモザイク状に敷いた歩道、まだつくっているとは

カニ、魚、ロブスター……歩道のモザイク模様のバリエーション

マカオの歩道のモザイク模様は海にちなんだものに統一されている。歩きながら足が止まる？

マカオは相変わらず好調だった。次々に生まれる中国の小金持ちたちが国境を超え、カジノに吸い込まれていく。世界遺産を訪ねる人々も増えていく。かつて香港を訪ねる日本人旅行者は、途中で日帰りマカオという人が多かったが、香港の魅力が失われつつあるなかで、マカオ一泊、人によってはマカオ二泊組が多くなってきたともいう。

宿泊客の増加に気をよくして、マカオのホテルは値上げに踏み切ったのかもしれないが、それは氹仔島や路環島、そして半島の高級ホテルの話のはずだ。福隆新街の老朽化した安宿は別世界である。だいたい、ここに泊まる観光客が増えたようにも見受けられなかった。高級ホテルに追従するほどの宿か？と拳を挙げたかったが、旅行者というものは常に弱者である。福隆新街の安宿の値上げを受け入れざるをえなかった。ここ以外に、僕には行くところがなかったのだ。重慶マンションから通うことも考えたが、フェリー代を考えると、結局は、福隆新街だった。

それは僕には悪乗りに映った。福隆新街に面した食堂やジュース屋などのリニューアルがはじまった。もとはそういう色だったというのだが、柱や扉が赤く塗られはじめたのだ。売春街というものは、外観を赤く塗るという傾向があったのだろうか。かつての吉原の格子窓も赤く塗られていたという。しかしいまとなっては、そ

マカオ半島側の道にはベンチが多い。こういう街、好きです

の建物や赤い扉がレトロ感を生みだすようで、ある日、宿からサンダルを履いて通りに出ると若い女性が高そうなデジカメを構えていて、こちらも緊張してしまった。一瞬、重慶マンションの入口で写真を撮っていた日本人を思いだした。レトロ感が生まれた福隆新街は、世界遺産でもないのに、観光客が集まる通りになってしまった。

街の整備がはじまって、いいことがひとつだけあった。福隆新街と新馬路を結ぶ狭い路地に、世界遺産になった広場にあるようなベンチがつくられたことだ。安宿の部屋は狭く、ときに窓がないこともある。寝苦しい夜、そのベンチに腰かけてビールを飲む。目の前には土産物屋の横壁があるだけで、ビルに区切られた空は小さいのだが、そこに座っていると、マカオにいるという感覚が、じわじわと押し寄せてくる。香港に差をつけられてしまったマカオの内港に近いこの一帯は、赤い照明がぼんやりと光り、どこかうらぶれた港の風情が漂ってくるのだ。

最近は十月初五日街の南屏雅叙（ナームペンンガーチョイ）という店にちょっとはまっている。香港でいったら茶餐廳のような店なのだが、マカオに住む日本人に紹介された。

「下川さんみたいな人は好きになるかも。近所の人が集まるマカオらしい店ですから」

店に入ったとたん、「ここだッ」と思った。朝はだいたい、南屏雅叙になる。純正咖啡が十一パタカ。なにが純正なのかよくわからないが、これを頼む。日本漢字ではコーヒーを珈琲と書くが中国漢字では咖啡である。それと十二パカタの波蛋（ボーダーン）多士（ドーシー）、エッグトーストである。パンの上にたっぷりの卵焼き。

「数値が悪いわけではありませんが、六十歳を過ぎたら、卵は一日一個でしょうね」

医師からいわれた言葉が気にかかる。ここのとろりとした卵焼きは、卵二個は使っているボリュームなのだ。ここにも、香港の茶餐廳同様、マカロニスープがあっ

朝はだいたい南屏雅叙に座ってます。店頭ではパンのテイクアウトも

これはエッグトーストではなく、
ポークサンドイッチ。ときどき食
べる

た。南屏という店名がつけられたメニューだ。マカロニスープの上に、目玉焼きと叉焼（チャーシュー）、ハムが載って出てきた。店の名を使うぐらいだから……と思ったが、マカロニスープはやはりまずかった。

一階と二階があるのだが、一階に座ると、キャッシャーのおじさんの野太い広東語がときどき響く。なんだか小舟の舟頭のかけ声のようにも聞こえてしかたない。

この店は、店員もかなり年をとっている。ベテランらしく、注文を手早くメモし、それを厨房に渡してしまう。テーブルには、伝票が置かれないのだ。しかし食べ終わり、キャッシャーのおじさんに金を渡すと、正しい金額のお釣りが返ってくる。このカラクリがいまだにわからない。別にそれを調べるために通っているわけではないのだが。

ブラックのままでは頼りない味の純正珈琲を飲みながら、

「十月初五日街に安い宿をみつけようか。福隆新街があゝなっちゃったし……」

などと呟いている。

マカオの路地裏にみつかる貧しい中国の味

マカオといえば、ポルトガル料理ということになるのだろうか。厳密にいうと、マカオ料理とポルトガル料理に分かれるという。マカオ料理は、本来のポルトガル料理に、アフリカ、インドやマラッカなどの香辛料や料理法が加わったものといわれる。大航海時代料理というか、植民地料理といった趣である。アフリカ風チキンとか、カレー味の蟹などが定番だろうか。アフリカやアジアの料理との融合が生んだ一種のフュージョン料理だが、考えようによっては、ごった煮料理ともいえなくはない。

このマカオ料理と、純正ポルトガル料理がメニューに並ぶのが、マカオのポルトガル料理店である。これはあくまでも僕の印象にすぎないが、店名に飾り文字のようなアルファベットを使っている店が多い気がする。調べると、イングランドという書体らしい。

日本人のなかでは、マカオ料理の評価は分かれる。「なにを食べているかよくわからない。もっと素材を生かしたほうが」というタイプと、「庶民料理っぽくて好感がもてるじゃない」という人だろうか。前者は広東料理に走ったほうがいいかもしれない。僕は完全に後者だから、素直に受け入れることができる。ただ、マカオの好景気に乗ろうとしているのか、高級料理化を狙っているような店もあって、多少の不満はある。値段も、安くはないが高くもないというあたりをうろうろしている。その意味では、やはり庶民料理の域なのだろうか。

香港ではあまり目にしないが、マカオの路地裏にときどきみつけるのが、完全な中国の料理の店である。内装も気にせず、ときに立って食べるような激安の大衆料理である。そのあたりも中国っぽい。

上海や北京を歩いていても、つい、こういう店に入ってしまう。そのなかで僕の舌は鍛えられているようなところがあって、蘭州麺などという看板を見ると、つい、ふらふらと入ってしまう悪い癖がある。僕は北京より上海に滞在することのほうが多いからだろうか。上海には蘭州麺の店が六万軒以上あるといわれている。

中国の蘭州麺はとにかく安い。麺に腰があって満足感がある。しかしどの店も規模は小さい。丼はだいたい縁が欠けていて、店の人も客も、中国の経済成

漢字の店名の下にあるアルファベット。これがポルトガル料理店の目印？

ポルトガル料理店『坤記餐室』の料理は庶民風。ひよこ豆のスープもあった

ポルトガルといったらイワシの炭火焼き。坤記餐室のイワシ料理はフライでしたが

長に乗ることができず、「今日も蘭州麺か」と鼻をすすりながら食べる麺である。こういう料理が僕はなぜか好きなのだ。

ホテル・リスボアの脇道を通って、グランド・リスボア方向に行こうとしたときも、この蘭州麺の店をみつけて、つい入ってしまった。マカオだから、そう安くはなかったが、店員は無愛想で、客の食べ方にも品がなく、上海の蘭州麺の店が蘇ってきてしまった。

福隆新街（フッロンサンガーイ）の近くでは、大連や瀋陽にあるような餃子屋もみつけた。中国の餃子だから、水餃子が基本である。殺風景な店内は中国の東北部そのものだった。店員は客への応対などそっちのけで、裏で仕入れたスマートフォンの売買に熱中していた。こういうところも中国なのである。

マカオはカジノ景気で潤っている。カジノホテルのレストランには、かつて香港に流れた高級食材が集まっているという。広東料理の本場は、香港からマカオに移りつつある。その一方で、香港では店を出せないような、中国の安食堂があるのも、マカオという街である。

僕はマカオでもひとりでいることが多いから、高級な広東料理にはあまり縁がない。ポルトガル料理店は、ひとりでも食事ができる雰囲気だが、やはり何人かで行きたい。結局、茶餐廳(チャーチャンテーン)か、大陸の安食堂風の店になびいていってしまう。貧しい中国が蘇ってくる、大陸風の店にけっこうお世話になっている。

第六章　マカオ

カジノ

台湾からカジノへという
危うい綱渡り

いまになって考えてみれば、それがマカオの立ち位置だったのかもしれない。

はじめてマカオを訪ねたのは、二十数年前である。それまで何回となく香港を歩いてはいたのだが、マカオ行きのフェリーには縁がなかった。

ギャンブルというものへの熱が低いからかもしれない。僕が大学に通っていた頃は、麻雀が全盛だった。同級生の下宿に四人が集まり、じゃらじゃらと卓を囲む。最初の半チャンは勝つことが多いのだが、その先がぼろぼろだった。いつもそうだった。続ければ続けるほど、ひどいことになってしまった。数時間がたち、もうそろそろやめるか……というときには、いつも負けていた。集中力が続かないのだ。列車やバスには何日も乗れるというのに、麻雀は一時間が限界だった。友だちのひとりに、強い奴がいた。大勝ちはしないのだが、終わってみるといつも勝つタイプだった。ギャンブルというものは、そういう奴がやるものだと悟った。その友人は、しっかり四年間で卒業し、都市銀行に就職していった。

マカオに行ったら、ギャンブルをしなくてはいけないものだと思っていた。そんな情報しかなかった。マカオは実は魅力的な街で、ポルトガル風情をいまに残していたのだが、それを知るのは、中国に返還されたあとのことだった。

　マカオに食指が動かなかったもうひとつの理由は香港だった。僕の旅は香港で手いっぱいだった。香港ではよく歩いた。九龍(ガウロン)半島の南端埠頭で香港島を眺め、油麻地(ヤウマーディ)や旺角(ウォンコッ)に向かって歩きだす。女人街(ノイヤンガーイ)という衣料品がぎっしり詰まったエネルギッシュな通りがあると聞き、あてずっぽうに歩きはじめるのだが、途中で涼茶(リョンチャー)という看板をみつけ、暑さしのぎに飲んでみると、顔をしかめるほど苦く、

「なんだ、これは」

などと呟(つぶや)く。腹が減ってくると茶餐廳(チャーチャンテーン)に入り、そのメニューでまた悩む。そんなことをしているうちに、日は西に傾いてしまい、女人街には辿り着けずに重慶(チョンキン)マンションに戻るような日々を過ごしていた。女人街に行こうと思ってから、やっとその通りに立つまで、七年ぐらいの歳月が流れていた気がする。そんなひとり遊びを香港で繰り返していたわけで、マカオは海の向こうの遠い街だった。

　マカオに行くきっかけは、船だけを使って東アジアをぐるりとまわってみようと思ったからだった。大阪から鑒真号(ジィエンジェンハオ)と名づけられた船で上海に向かい、そこから船で香港へ。台湾から日本へは飛龍という船が航路をもっていた。いまは台湾と日

本を結ぶ定期船はなくなってしまったが。

問題は香港から台湾だった。なかなか船はみつからなかった。

中国と台湾はナーバスな問題を抱えていた。第二次世界大戦後、中国大陸では、中国共産党と中国国民党の内戦が続いた。中国共産党が事実上の勝利をおさめ、中国国民党は台湾に渡った。ふたつの国ができたわけではなかった。台湾の国民党は大陸の奪回をめざし、台湾海峡を挟んで緊張状態が続いた。実際、金門島やその周辺で戦闘も起きていた。このふたつのエリアに表面上の交流はなかったが、改革開放の進む中国は、経済的に発展した台湾から外貨を得るために、個人旅行を解禁した。しかし台湾から大陸に直接、飛行機を就航させるわけにはいかなかった。そこで使ったのが香港だった。台湾から飛行機で香港に行き、そこで乗り換えて大陸へ。これで中国と台湾の大義を保つことができた。

しかし台湾から香港に向かう船はなかった。さらに探していくとマカオに出合った。マカオと台湾の高雄（たかお）を結ぶＭＡＣＭＯＳＡ（マクモサ）号という船が運航していたのだ。

なぜマカオから……。そのときは深くは考えなかった。マカオは香港と同じような存在だから……のひとことで片づけていた。

香港から高速フェリーでマカオに向かった。出航してしばらくすると、女性職員がスクラッチを売りはじめた。銀色の部分を削り、数字がそろうと二十ドルがもらえるカードだった。船内にはスロットマシンもあった。試しにやってみたが、あっという間に十三ドルが消えてしまった。マカオに向かう船のなかがすでにギャンブルモードだった。

マカオには一泊もしなかった。その日の夜に出航する高雄行きの船に乗った。乗客の大半は台湾人だった。彼らの荷物は多かった。飛行機に比べ、船は持ち込める量が多い。そんな需要が船を就航させていた。

しかしなぜマカオから……。やはり気になった。

十六世紀半ばから十七世紀前半にかけてマカオは栄えた。ポルトガルが進出し、東アジア貿易の拠点になっていく。マカオの発展は日本が重要な位置を占めていた。銀だった。当時の日本は、マルコ・ポーロが描いた黄金の国ではなく、銀の供給国だった。ポルトガル船は、中国の絹を日本に運び込み、その対価として銀を受けとる。その銀でさらに絹を買い……という貿易をしていたという。中国の銀高と日本の銀安に目をつけた商売だった。為替差益で潤っていたわけだ。

やがて日本の鎖国とキリスト教が禁教になったことで、マカオは衰退していく。日本を脱出したキリシタンが向かったのもマカオだったが、貿易の基地としては勢いを失っていた。

中国は清の時代に入った。マカオはアヘン貿易、苦力貿易、そして賭博といった裏経済で支えられていく。苦力とは奴隷のように働かされた中国人労働者である。マカオには、ポルトガル人とスペイン人が経営する苦力斡旋施設がいくつもあったようだ。東南アジアへ向かう苦力は、中国から直接運ばれたが、マカオに集められた苦力は、主に中南米に運ばれていったという。

しかしその地位も、急速に力を増したイギリスによって奪われてしまう。アヘン戦争に勝ったイギリスは、香港を植民地にする。香港島は不毛の岩山といわれたが、数少ない利点は、海が深いことだった。大型船が停泊できたのだ。造船技術も進み、大型船の時代に入っていた。しかしマカオは違った。珠江の河口にできた港だった。常に土砂が流れ込み、水深は浅かった。ポルトガルとイギリスの勢いの違いもあった。マカオは貿易港としての役割を香港に譲っていく。

マカオと香港、つまりはポルトガルとイギリス。このふたつの国の発想はかなり違った。ポルトガルがマカオを拠点にしたのは、一五一三年からである。一五五七年には明から永久居留権を得ている。しかしこの取り決めには、ポルトガルと明の間に、かなりの温度差があった。ポルトガルはマカオを自国の領土として認識したいていた。いってみれば、明は居留してもいいという恩恵を与えているだけだと思っていた。いってみれば、本来の植民地なのかどうかはっきりしない状態のまま三百年以上の年月が流れたことになる。狡猾なのか、杜撰なのかという問題になるのだが、少なくともイギリスが香港を植民地にするまで、この中途半端な状態は続いた。

マカオの立場がはっきりするのは、一八八七年のリスボン議定書である。この時点でマカオはようやく、正式にポルトガル領になった。このとき、裏で動いていたのがイギリスだったといわれる。

イギリス人の性格からして、ポルトガルが選んだ曖昧さは受け入れることができなかったのだろう。香港の経緯にしても、正式に南京条約や北京条約を結んで植民地にしているのだ。当時のイギリスは、ベトナムを植民地化したフランスを警戒していた。国力の落ちたポルトガルにマカオを任せておくと、フランスの影響力が強まってしまう可能性があった。そこでリスボン議定書への策動をはじめたといわれる。

中国側にしてみても、大きな問題はマカオより香港だった。広さも違った。香港は東京都の半分ほどだが、マカオは区のレベルである。つまり、マカオは放っておいても、大きな問題は起きそうもない。それぐらいなら、利用したほうがいい。そんな認識が見え隠れするのだ。

台湾行きの船は、そんな思惑のなかで就航したような気がした。香港と台北に近い基隆(ヂーロン)港を結ぶ船となると波風が立つ。まあ、マカオならいいだろう……というレベルである。台湾側の港を高雄にしたのも、そんな配慮だったのかもしれない。

いつも利用される土地——。それはマカオが背負った宿命なのかもしれなかった。

マカオが気になりはじめていた。

しかしそれでも僕は、香港を歩きまわっていた。香港の中国返還もあった。マカオが気にはなっていたが、その機会はなかなか訪れなかった。

きっかけはLCCだった。マカオは一九九九年に中国に返還されたが、二〇〇〇年に入り、アジアでは次々にLCCが就航した。とにかく安かった。航空券は安ければ安いほどいいというタイプだから、すぐにLCCになびいていった。

僕はバンコクから香港に向かうことが多かった。タイのエアアジアが就航したことは朗報だった。さっそくサイトを開いて運賃を見てみたが、思ったほど安くはなかった。既存の航空会社の運賃の七割といったところだった。週末になると同じぐらいの運賃になった。やはり香港は人気なのだろうか。

ふと思いついてマカオを調べてみた。就航していた。一日一便だが、安かった。

香港の半額以下だった。

香港へはマカオからフェリーで簡単に行くことができる。こうして僕は、香港に行くためにマカオに寄るようになった。といってもマカオに一、二時間滞在するだけで香港に向かってしまう。考えてみれば、僕もマカオを利用していることになる。

しかしマカオにも訪ねてみたいところがあった。マカオ半島サイドの市街地にある国父記念館だった。国父——孫文の記念館だった。マカオに住む知人から、こんな話を聞いたからだった。

「国父記念館に入ると、館内に台湾の旗が掲げてあるんです。あれはまずいと思うんですよ。中国共産党にしたら敵でしょ。中国に返還される前ならわかりますよ。でも、一国二制度とはいっても、中国なんですから」

僕はマカオから高雄まで乗った船を思いだしていた。

調べてみると、この記念館は返還前からあった。返還と同時に旗や写真は降ろされるだろうと思われていたが、そのままだった。なぜなのだろうか。台湾ではいま、国民党の馬英九が総統を務めているが、マカオが中国に返還された翌年（二〇〇〇年）には、民進党の陳水扁が総統選で勝利をおさめた。民進党には、数多くの台湾独立派がいた。中国と台湾の関係が、一気に緊張した時期である。しかし国父記念館の旗はそのままだった。マカオは放っておいても、大きな問題が起きない……中国政府はそう考えていたのだろうか。

国父記念館がマカオにあるのは理由があった。孫文はマカオのすぐ北の、当時香山県といわれた場所で生まれていた。彼の父はマカオで靴職人として働いたこともあるという。孫文は十四歳のときに向かったハワイ、そして香港などで英語と医学を身につける。彼が医師として最初に働いたのもマカオだった。彼はその後、清に対抗する運動をはじめ、何回もの蜂起を起こす。武装蜂起に失敗したとき、孫文が逃げ込んだのもマカオだった。やがて孫文が率いる清朝打倒運動は広がりをみせていく。一九一一年には、中国の華南の省を中心にした臨時政府ができ、一九一二年には中華民国が成立した。孫文は臨時大統領に就任している。

マカオは孫文にとっては重要な土地だったのだ。

孫文は一九二五年に死亡する。革命への道のりからすれば、道半ばだった。孫文の死後、中国は軍閥が群雄割拠する不安定な状態に陥っていく。そして、孫文がつくりあげていった中国国民党と中国共産党の内戦という局面に進んでいく。孫文が唱えた革命は、漢民族の清に対するものだった。しかし毛沢東が率いる中国共産党は社会主義革命をめざした。

漢民族同士の激しい内戦だった。そして厳密な意味では、内戦は終わっていない。大陸を中国共産党が押さえ、台湾に中国国民党がいるという構図だ。中国共産党は、やがて攻略するという意味で台湾を台湾省とし、台湾は大陸を奪回する意味で台湾省という。

しかし一般的に中国といえば中国大陸である。マカオが返還されたのは、中国共産党の中国であって、台湾ではない。

国父記念館は、中国国境行きのバスが頻繁に通る荷蘭園大馬路（ホーランユンダーイマーロウ）から、少し松山（チョンサーン）市政公園（シーヂェンゴンユン）に向かったところにあった。当時にしたら立派な一軒家というより邸宅である。孫文はここでクリニックを開いたこともある。最後まで住んでいたのは孫文の夫人だった。彼女の死後、記念館になった。

受付には、温厚そうなおばさんが座っていた。入館料はいらなかった。右側の部屋に入った。一瞬、足が止まった。部屋の隅に旗が一本立っている程度かと思ったが、そういうレベルではなかった。孫文の胸像の両側に、左右六本ずつの旗が並んでいた。まるで孫文を守るような配置なのだ。旗は青天白日満地紅旗（せいてんはくじつまんちこうき）と呼ばれるものだ。赤と青の地。青い部分に太陽が描かれている。この旗は中華民国の旗だが、台湾の旗かというと、曖昧なこととしかいえなくなる。そもそも台湾は国とはいえない存在だから、国旗という表現には語弊がある。一時、この旗を使っていたが、いまはほとんど使っていない。梅の花を使ったものや、台湾の島をかたどったものなどの案はあるようだが。旗というものの背後には、どうしても国というものが見え隠れしてしまうから、台湾の場合、簡単には決められないのだ。

だからマカオの国父記念館に掲げてもいい？ いや、そういう話ではないだろう。中華民国の旗であることに変わりはないのだ。

以前はここに、蒋介石（しょうかいせき）、蒋経国（しょうけいこく）、李登輝（りとうき）という歴代の台湾総統の写真も掲げてあったという。さすがにその写真は降ろしたようだが、青天白日満地紅旗だけは、中国に返還されてもそのままだった。マカオは孫文ゆかりの土地であることはわかるが、これでは中国の大義が立たないではないか。中国はこの種の問題には、ことさらこだわる国ではなかったのか。やはりそこには、マカオがある気がする。マカオなら少々のことは目をつぶっても問題ない……。中国には、そんな意識があるような気がしてならないのだ。

館内は二階まで、単調な展示があるだけだった。孫文の生いたちや残された写真が中心だった。夫人が暮らした部屋には、彼女が使っていたベッドやたんすも展示されていた。気になったのは台湾を紹介した部屋だった。発展する産業やプロジェ

国父記念館。中国人観光客のグループが見学に来て、ちょっと緊張した

記念館のメインはこの部屋。あまりに堂々と青天白日満地紅旗が並ぶ

クトの紹介も気になるが、蔣介石や夫人の宋美齢（そうびれい）が各国の大使を出迎える写真まであったのだ。一九七一年まで、国連が認める中国は中華民国だった。その当時の写真なのだが、中国共産党が樹立した中華人民共和国、つまりいまの中国にしてみたら屈辱の年月だった。そんな写真をマカオの国父記念館に掲げていいのだろうか。

孫文の胸像が青天白日満地紅旗に守られるように置かれた部屋には、台湾の観光案内のポスターまであった。いまはマカオの人は、簡単に台湾には行けるのだが。

マカオの歴史を辿ってみると、台湾とのつながりは、表には出ないものの、かなり濃いことがうかがえる。

マカオは香港に比べると、どこか歴史の脇道を歩いてきたようなところがある。

中国大陸では日中戦争の戦火が広がっている時期もそうだった。日本軍は一九三八年に広州を陥落させ、そして連合国とも戦闘状態に入っていく。太平洋戦争である。日本軍はイギリスの植民地の香港、マレーシア、そしてシンガポールに侵攻する。香港は一九四一年に日本軍に占領されている。

しかしマカオは、戦火の外側にぽそっと置かれる。ポルトガルが中立国ということもあったのだが、日本軍はマカオを攻めなかった。当時のパワーバランスからすれば、十分にマカオを占領できたのだが、そんなことをしても、あまり意味がないとでも思ったのだろうか。日本軍はむしろ、マカオを利用する道を選んだ。マカオを物資の調達センターに使っていくのだ。戦時中でありながら、カジノやレストランはなにも変わらない顔で店を開いていたという。

街は難民であふれていた。広東省や香港から逃れてきた人々である。人口は五十万人を超えていた。いまのマカオの人口は約六十万人だから、相当な数である。香港が発展するなかで、置き去りにされそうになっていたマカオは、一気に賑わいをとり戻していた。もっとも街を埋めていたのは難民ばかりだったが。

難民に隠れるようにマカオはスパイたちの拠点にもなっていく。日本軍の特務機関も暗躍していたが、中国国民党や中国共産党のスパイも拠点をつくっていく。孫文とのつながりもあり、中国国民党はマカオに足場をつくっていたようだ。このとき、日本軍への物資を扱っていたのが何鴻燊（スタンレー・ホー）である。戦後のマカオのカジノを仕切っていく人物だ。彼の胸像は、グランド・リスボアというカジノホテルの一階にどんと据えられている。オーナーが彼なのだ。

太平洋戦争が終わり、中国は内戦を経て、中国共産党が主導権を握る。そして文化大革命が大陸を吹き荒れることになる。この波はマカオと香港にも押し寄せるのだが、この時代を経て、マカオと香港の歩む道が変わっていったような気がしてならない。

香港の内部でも共産党系の中国人の文化大革命運動が起きた。中国の紅衛兵は深圳から越境し、香港に駐留するイギリス軍や香港警察との間で、小規模だが銃撃戦も起きた。中国はさらに人民解放軍を国境に移動させるといった圧力をかけてきた。しかし周恩来の、長期打算・充分利用という「八字方針」を受けて収束していく。そこにどんな思惑が働いていたのだろうか。イギリスのような気がする。紅衛兵や人民解放軍を率いる中国にしても、イギリスと対峙する道は選ばなかった。イギリスの背後には、アメリカなどの西側諸国がいた。

マカオも香港に似た状況になった。一九六六年十二月三日、マカオの共産党系中国人がデモを行い、一部が暴徒化した。ポルトガル軍とマカオの警察が鎮圧していくのだが、そのなかで八人の死者が出た。これに対して中国がポルトガルに対して謝罪や、マカオでの中国国民党の活動の停止を要求していく。

一九六六年当時、マカオには中国国民党の拠点があったのだ。旗どころの問題ではなかった。それはポルトガルの政権が絡んでいた。その頃のポルトガルは、反共的なサラザール政権だった。中国共産党とは対立していたわけだ。それを頼りに、大陸を追われた中国国民党は、マカオにも逃げ込んでいた。

しかし国力が落ちたポルトガルはイギリスとは違った。中国の要求を受けざるをえなかったのだ。この一件は、マカオ史上最大の暴動になった。「一二・三事件」と呼ばれている。

イギリスとその背後にある西側諸国の無言の圧力のなかで騒乱が終わった香港。中国の要求を受け入れたマカオ。中国側にしたら、マカオはすでに怖い存在ではなかったのかもしれない。

マカオ側の窓口になって中国との交渉にあたっていったのが何賢（ホーイン）というマカオの実業家だった。中国と香港の交渉には、香港人の官僚があたったが、背後にはイギリスが控えていた。資金的な余裕もないポルトガルとは別格の強国だった。もっとも当時のイギリスは、イギリス病に苦しんでいた。そこで登場するのが、鉄の女ともいわれたサッチャーである。彼女の政策で、イギリスは盛り返していく。その裏には香港人の存在も大きかったといわれる。香港の返還交渉がはじまり、イギリスに移り住んだ香港人が少なからずいた。彼らの能力と労働意欲が、イギリスの金融界を活気づけていく。

しかしポルトガルには、そんな波はなにひとつ起きなかった。長い停滞が続いていた。マカオ内では、それなりの力があったものの、対中国といった交渉では非力だった。勢い、何賢のような中国系マカオ人に頼っていくことになる。

太平洋戦争後の一九五二年にも、小規模ながら、マカオと中国は衝突する。そのとき、ポルトガルと交渉したのも何賢だった。彼は中国側を代表する立場だった。つまり何賢は、マカオの親中派のトップだった。中国にしたら、何賢がいるかぎり、マカオは放っておいても大丈夫と思っていたし、実際、何賢はその立場でマカオを動かしていく。マカオには、中国と真っ向から対立する勢力がなかった。そのなかで、マカオの中国国民党も大目に見られていた。一九五五年、ポルトガルは、マカオを海外領土から、ポルトガルの海外州にする。マカオで生まれた人は、ポルトガル国籍をもつことになるわけだが、さして大きな揉めごともなかったことを考えれば、マカオには何賢のような人物がいたことが大きかった気がする。マカオが中国に返還され、初代のマカオ行政長官に選ばれたのは、何賢の七男の何厚鏵（ホーハウワー）だった。もちろん、父親の血を継いだバリバリの親中派である。

その後、ポルトガル経済はますます逼迫（ひっぱく）していく。アフリカにあった植民地で、次々に独立運動が起きていく。かつてポルトガルに富をもたらした植民地に足を掬（すく）われはじめる。そして国内では若手将校たちの無血クーデターが起きる。クーデターを支持する兵士たちは胸にカーネーションをつけたことから、「カーネーション革命」と呼ばれている。

このクーデターは、社会主義の影響を受けていた。彼らはポルトガルの植民地主義からの決別をめざした。そして左派政権が誕生する。

マカオにも転機が訪れる。右派政権から一転したポルトガル政権は中国を承認。そして、一九七五年にマカオの中国返還を申し出るのだ。

ところが中国が「待った」をかける。

その頃、中国は香港返還をめぐり、交渉のただなかにあった。イギリスは返還後も、影響力を残すために、あの手この手と交渉案を繰りだしてくる。中国側にしたら、気が抜けない交渉だった。それに比べれば、マカオはなんの問題もなかった。ポルトガル側から、返したいと申し出ているのだ。あとは時期だけだった。

おそらく中国にしたら、ポルトガルが返還しようとしていることは織り込みずみだった気がする。焦点はその体制づくりだった。中国は「一国二制度」を標榜していたが、スムーズに移していけるかどうかという問題があった。中国はポルトガルにこう答える。

「香港と一緒に返還交渉を進める」

中国にしたら、少しでも早く、かつての自国の領土を戻すことが筋だろう。しかしふたつの制度を残したままの返還には、さまざまな思惑が錯綜（さくそう）する。ポイントは香港だった。マカオはそのシステムをあてはめるだけでよかった。

ここでもマカオは放置されてしまう。なんだか切ない植民地なのだ。

むしろ中国は、マカオを香港の実験台に使おうとしている節すらあった。マカオに部分的な直接選挙と職能別選挙を導入したのは一九八四年である。香港より早いのだ。マカオには、

「今日のマカオは、明日の香港」

という言葉がある。マカオはまたしても利用されたということだろうか。

しかしポルトガル経済に、「待った」はなかった。ポルトガル国軍は、百人ほどを残して、大部分が撤退してしまう。やがて残留兵士は警察に編入されていく。ポルトガルは少しでも経済的な負担を軽くしたかったのだろうが、まあ、勝手な話である。武力を後ろ盾に強引に海外拠点にしておきながら、自国の経済が傾くと、さっさと兵士を引きあげてしまう。マカオは一九九九年の返還まで、警察力だけしかなかった。

マカオは中途半端な状態に置かれていた。僕がはじめてマカオを訪ねたのはそんな時期だった。短い滞在だったから、マカオの置かれている立場を感じとるほどで

もなかった。香港に比べれば、どこかひなびた街という印象だった。ちょうど天安門事件が起きている時期で、街には、天安門に集まった学生たちを支持するビラが貼られていた。香港の人たちと、同じ目線で中国の政府に抗議する運動を見ているのだと思ったが、それからしばらくして、事件が悲惨な結末を迎えると、マカオと香港では、その反応に差が出たことをあとで知った。

天安門事件の後に香港では事件に抗議する集会が開かれ、十八万人が集まったが、マカオではその種の集会はほとんど開かれなかった。マカオに住む知人はこう話してくれた。

「やはりポルトガルの国籍だと思うんです。天安門事件が起きる三年前、ポルトガルが欧州連合であるEUに加盟したことが大きかった。だってポルトガルのパスポートがあれば、EU諸国に住めるんですから。ポルトガルだけだと、頼りなかったけど。もし、中国がひどいことをしたら、EUに行けばいい。そう思っているマカオの人は多かったんじゃないかな。でも香港はイギリスの海外州じゃなくて植民地だった。だからイギリスのパスポートはもてない。天安門事件を見ていると、不安になる気持ち、よくわかるな」

現在、マカオ市民の約三割はポルトガル国籍をもっている。保有者ふたりが結婚したら、生まれた子供も自動的にポルトガル国籍がとれるという。マカオの人たちは、ポルトガルが残したこの置き土産を、どこか保険のようにとらえていた。

だがマカオに存在感がないことに変わりはなかった。香港がアジアの流通のハブの役割を担い、金融センターとして輝きを増すなか、相変わらずカジノの街だった。マカオのカジノに遊びにやってくるのは、香港人、そして台湾人や日本人が多かったという。カジノという存在は、どこか急成長するエリアに寄り添うようなところがある。当時のマカオは、香港人の遊び場として生きのびていた。カジノの周りには売春街もあった。

一八四七年にマカオではカジノが合法化されている。香港がイギリスの植民地になってすぐあとのことだ。それがマカオという土地の業（ごう）のような気がしなくもない。

返還前のマカオは、香港に頭が上がらなかった。香港のドルはマカオで自由に使うことができるが、マカオのパタカは香港で使うことはできない。マカオと香港を結ぶフェリーは、二十四時間運航されているが、あの頃は、香港人乗客が多かった。僕らが乗った高速フェリーも、船のなかにすでにスロットマシンがあった。

「夕方マカオに遊びに行って、夜通しカジノで遊んで朝、帰ってくる香港人はけっこう多いはず」

フェリーターミナルにはカジノバスがずらり。いつもこれに乗る。ただですから

ペーニャ教会前の広場から見るマカオタワーと氹仔島。隠れた絶景スポットとか

香港に住む日本人から、そんな話を聞いたことがある。

マカオは香港の中国返還から二年後、中国に返還された。香港の返還日の翌日には、僕も香港にいたからその記憶も鮮明だが、申しわけないがマカオの返還式の記憶はほとんどない。マカオに住む日本人もこんなことをいう。

「返還の日だったかな、マカオ人に話をすると、皆、なにも変わらないって顔をする。えっ、中国になるのは今日からなの？という人もいましたからね」

マカオ人の意識は、かなり前からもう、中国人だったのかもしれない。香港の人に、「あなたは中国人？　それとも香港人？」と訊くと、ほとんどが「香港人」と答えるという。しかしマカオで同じ質問を投げかけると、「中国人」という人が多いようだ。それほどの温度差があった。

しかし返還後の香港とマカオは対照的な軌跡を辿ることになる。二〇〇三年、香港とマカオへは同じように、大陸からの個人旅行が解禁される。色とりどりの野球帽を被った中国人がツアーガイドの手にする小旗の後ろを歩く姿も変わらなかった。しかし行く先が違った。香港にやってきた中国人は、ビクトリアピークに登り、免税店やブランドショップに吸い込まれていったが、マカオでは、カジノという受け皿があった。

あれはいつ頃だったろうか。そのとき、僕は香港からフェリーでマカオに入った。マカオにはカジノが運行する無料バスがある。僕のような旅行者は、もっぱらこのバスに乗ることになる。半島の市街地に用事があったので、フェリーターミナルからグランド・リスボア行きのバスに乗った。このバスは、グランド・リスボアの一階には着かず、わざわざ地下まで乗客を連れていく。そこがカジノになっているからだ。乗客はカジノを横目に見ながら地上へ向かうエスカレーターに乗ることになる。

少し時間があった。カジノをのぞいてみることにした。

「そういうことか……」

僕は電光掲示板の数字がぴこぴこ光る『大小』というゲームのテーブルを囲む人々を見ていた。一時間前まで、畑で仕事をしていたようなおばさんがいた。髪が短い小太りの男性が大声を出している。カジノは中国人で埋まっていた。香港人に代わって、ギャンブルのテーブルを中国人が占めるようになっていた。

脱国家型政治と国家型政治……。そういうことかもしれなかった。いい換えれば、非中国型政府と中国型政府――。

香港は脱国家的な政府だった。植民地時代、イギリスの下で、実質的に香港を動かしていたのは香港人の官僚たちだった。そこには圧倒的な自由があった。旅行者はその空気に目を輝かせ、香港人はアジアのなかの流通と金融のハブをつくりあげ、香港は豊かさを享受していった。しかし中国返還後、香港は暗転していく。流れ込む膨大な人民元は、土手を乗り越えた川の水のように香港を浸し、富の偏在を生んでいった。資金力のある企業は不動産を手がけ、そこに集まる金は財閥へと押し上げていく。自由な香港には、それを規制する法律もなかった。中国からの金の流れに乗った人と乗らなかった人……。それは香港を格差社会化させ、人々の間に軋轢(あつれき)を生んでいった。若者たちは、そんな社会に閉塞感を抱いていった。

しかしマカオの政府は中国型だ。人口が約六十万人というエリアに、三万五千人の公務員がいるという。いや、人数の問題ではない。マカオの行政府には、政府とは人々を管理するものという発想が植えつけられている気がする。これは中国によく似ている。弱体化したポルトガルに、マカオを引っぱっていく力はなく、何賢を中心にした中国系マカオ人が構造をつくっていくなかで、マカオは早くから中国化していったのだろう。マカオの行政府は返還のだいぶ前から、すでに中国の構造と発想をもっていたようだ。

マカオは香港のような産業やビジネス社会が未発達だ。マカオの収入の八割はカ

香港にはきっとない中国センスのアーチ。これがマカオなんだろうなぁ

ジノという歪んだ状況のなかにある。

しかしこのカジノがマカオを潤わせていく。急速に豊かになった中国人たちが、一攫千金を夢見てカジノにやってくるようになる。博打というものはそんな面をもっている。成金はえてして、金が倍になる夢を見るものだ。中国の路地裏や農村には、そんな話が流れていた気がする。

「周さんはマカオのカジノで大儲けして、奥さんに宝石を買ってあげたそうよ」

中国側からマカオに向かうとよくわかるのだが、香港に比べて、国境から市街地までが本当に近い。バスで二十分ぐらいだろうか。そんなところにカジノがあるのだ。

カジノには、一回の賭け金が数十万円とか百万円以上といったＶＩＰ組がいる。農村からやってきた中国人は、最低三百パタカ、約四千円といったテーブルに着くのだが、カジノを潤わせていくのは、賭け金は小口だが、次から次へとやってくる庶民なのだ。

マカオのカジノの収入は、あれよあれよという間に膨らみ、アメリカのラスベガスも抜いてしまった。やはり中国の金は巨大である。

カジノの収益の約四割はマカオ政府に入る。マカオが急に輝きはじめるのだ。二〇〇五年に三十を超える教会や広場などが、世界遺産に指定されたことも大きかった。観光収入もマカオを活気づける。

マカオ住民は医療費と教育費が無料になった。そして年に一回、九千パタカの小切手が政府から届く。日本円で十二万円を超える。あるマカオっ子がこんな話をしてくれた。

「このボーナスみたいな支給は、もう七年続いています。うちの五歳と三歳の子供にも、しっかり小切手が届きます。彼らの口座をつくって、そこに入れてますよ。この支給がある翌月には、家族で海外旅行に行くのがうちの恒例。去年はタイのプ

モンテの丘から中国の珠海市が見える。目と鼻の先である

ーケットに行きました」

そもそも、マカオ人の給料も上がっている。ここ数年で、確実に倍になった。物価はそこまで上がっていないから、生活はずいぶん楽なのだ。

いまでは香港から出稼ぎにくる人が目立つようになった。腕のいい広東料理のコックも香港からマカオの高級料理店に引き抜かれているという。高級食材もいまやマカオに流れ込むらしい。マカオで働くチャンスを狙っているポルトガル人も多いという。

マカオ政府は公営住宅も次々に建てている。ビル型の集合住宅だが、二〇一四年一月に公営住宅の家賃を一年間、無料にすると発表した。そのとき、所得税も引き下げられた。消費税の増税をめぐって右往左往する日本から眺めると羨ましい世界だ。

こういった政策がとれるのも、中国との関係がうまくいっているからだ。次々に建つ公団住宅の工事は、すべて中国の業者に発注されている。中国人がカジノで吸い上げられた金を還流させるシステムをつくっているのだ。もちろん中国との交渉のなかで決まった話だ。

その見返りだったのだろうか。香港の不動産価格をつり上げる一因になった投資移民制度を、マカオは二〇〇七年にやめている。なかなかやめられなかった香港とは対照的だ。

二〇一四年の八月末、マカオの行政長官選挙があった。香港はこれまで何回も、選挙をめぐって、民主派と親中派が対立してきた。しかしマカオでは、波ひとつ立たない。今回の行政長官選挙も、事前の根まわしが利いて、立候補者はひとりだった。これが中国式民主主義でもある。

今日のマカオは、明日の香港——。

行政長官選挙の翌日、マカオに入った僕は、再びこの言葉を思いだしていた。

中国にしたら、マカオは、何ひとつ問題を起こさない優等生特別区に映っているのだろうか。そのなかで、巧みに利益を上げている。その原資のほとんどはカジノという危うい綱渡りだが、これがマカオのお家芸という気がしないでもない。

ザ・ベネチアン・マカオの空

こういうものを見て、ふふっと笑ってしまうのは、やはり不謹慎なのだろうか。しかしあまりに非現実的で、どこか自分の居場所がみつからず、やっぱり笑うしかないのだ。

マカオは僕が根城にする福隆新街（フッロンサンガーイ）や十月初五日街（サップユッチョーンーヤッガーイ）の目と鼻の先に、カジノホテルがある。そのあまりの派手さに、どうしても足を掬（すく）われてしまうのだ。カジノというものは、こういう派手な外観と対になっているものなのだろうか。

福隆新街の宿に泊まり、夜、ふとカーテンを開けると、グランド・リスボアが夜空に浮かびあがる。光が流れ、ときに色が変わる。ネオンのショーに輝くビルを眺めながら、やはり考えてしまう。

マカオ空港行きの無料バスに乗ろうと、ホテル・リスボアの向かいにあるウィン・マカオに向かったときは、つい溜息をついてしまった。手前の池で噴水パフォーマンスがはじまったのだ。音楽に合わせて、水がさまざまな方向に噴き出す。ときどき空砲も鳴る。これが十五分おきに行われる。コンピューターで管理された人工ショーである。

ザ・ベネチアン・マカオというカジノホテルに入ったときもそうだった。

「下川さんは地味なマカオばかり歩いているけど、これもマカオなんですよ」

そうはいわれても、どうしてもついていけない自分がいる。このカジノホテルはラスベガス・サンズというアメリカ資本である。とにかく巨大で、部屋数は三千もある。カジノのほかに広いショッピングモールも併設されている。そこには運河がつくられ、ゴンドラが浮かんでいる。ベネチアの街を再現しているという趣向である。ふと、天井を見あげたときは、少し怖くなった。天井に空が描かれているのだ。東京のお台場にも、ラスベガスのザ・ベネチアンのモールも同じような天井だという。ヴィーナスフォートというモールがあり、やはり天井に空が描かれているという。どちらも見たことがなかったので、マカオで人工の空を見たときは、ちょっと寒気すら覚えた。

　以前、ウズベキスタンのサマルカンドを訪ねたことがあった。この国のモスクの屋根は青い。コク・グムバスと現地の言葉でいう。コクは青、グムバスはドームの意味になる。このドームには、青い陶板がはめ込まれていたのだ。

ドームに青い陶板を貼る命を下したのは、この一帯を支配した王、ティムールだった。それを目にしたヨーロッパ人は、こんな言葉を残したといわれる。

「もし空がなかったら、このモスクが空の役割を担うかのようだ」

ティムールは、青い空に挑んだ不遜な王なのかもしれなかった。

この青いドームをもつモスクのいくつかは世界遺産に登録されている。しかし、ザ・ベネチアン・マカオの空は、世界遺産とは無縁である。将来、中国の景気が後退し、カジノにやってくる客が減ってしまったら、簡単に壊されてしまう存在かもしれない。

二〇一〇年前後、次々にできたカジノホテルは、中国人客を意識していた。彼らをいかにとり込めるかが分かれ目だった。

だからベネチアン？　なぜなのか知らないが、アメリカ人と中国人はベネチアが大好きである。日本人にとってのベルギーのフランダースのようなものなのだろうか。『フランダースの犬』という童話が、日本人の感性をくすぐり、多くの日本人が訪ねる街になった。最近のベネチアは、とくに中国人が多いという。

一度、ベネチアを訪れたことがある。たしかに中国人観光客が多かった。しかし資金力のある中国は、日本とは違う。現地のホテルを買いとったのか、中

ザ・ベネチアン・マカオの空……いや、天井に描かれた絵です

国人が切り盛りする宿が何軒もあるのだという。中国民航あたりを利用する安いツアーに参加すると、そういうホテルに泊まることになるらしい。ベネチアのホテルの朝食が、粥にザーサイになってしまったりするわけだ。もちろんそのホテルは、中国式サービスになってしまう。

結局は中国の金の話に行き着いてしまう。それがマカオの宿命にも映る。

第七章

在住者がすすめる 週末香港・マカオ

香港

西貢でリラックス&海鮮料理

武田信晃

グルメの街、香港。中環（ギョンワーン）を中心とした繁華街は高層ビルが建ち並ぶコンクリートジャングルだ。映画、テレビ番組、雑誌などでご覧になった人も多いと思う。それらが「百万ドルの夜景」を美しく演出しているわけだが、これらのビルには日系企業を含む世界的企業が数多く進出している。競争も激しくグローバル社会の縮図のようなところで、働く人のストレスも大きいが、香港自体が小さい都市ということもあり、ちょっと郊外に足を延ばせば自然あふれるところでもある。日頃のストレスを解消するために、緑を求めて週末にここを訪れる人は少なくない。

若者の街、旺角（ウォンコッ）地区の南端からバスで四十分くらいのところに西貢（サイコン）という地域がある。香港の北東部にあるのだが、ここは海鮮料理店が海岸沿いにずらりと並んでいることで有名で、香港中の人がわざわざ食べに行くようなところである。海が近く、緑が多いことから西洋人が多く住みだした結果、バーなどもオープンし、おしゃれ感がアップ。そう、世界に誇る寿司文化をもち、お酒にもファションにもうるさい日本人ならば、行かなくてはならない場所なのだ（笑）。

まずはバスに乗り込む。二階建ての大型バスでは道が狭く走れなかったり、採算がとれないために運行していない路線を走る十六人乗りのミニバスだ。料金は片道十六ドル。バスが九龍（ガウロン）の住宅街をカバーしつつ、街から離れていくにしたがい自然が増えていくのがわかる。西貢は北東部の中心地で、香港政府の出先機関、スーパーマーケットなどもあり、生活に必要なものはすべてそろうような栄えている街なので、同地区の近くに来ると「あ、ほぼ到着したな」というのがわかる。

終点のバスターミナルで下車したそばから、開放的な空間が広がり潮の香りがする。高層ビルが少なく、歩いて一分もしない距離に海があるからだ。きれいに整備されたプロムナードを南に向かって歩くと左手には海、右奥には海鮮レストランが見える。歩いているだけでも十分、気持ちがよい。ジョギングしている人もいる。香港では貸切クルーザーで友人と楽しむことが気軽にできるのだが、埠頭の入口付近では大勢の人がクルーザーに乗り込むのを待っていた。

埠頭そばでは漁民が小さな漁船の上で、釣ったばかりの魚を直接販売している。主婦が「それ二匹でいくら？」と訊いていた。

そしてびっくりするくらい、散歩している犬が多い。ポメラニアンやプードルの

水槽いっぱいにいる魚介類

ような小型犬から、ドーベルマンのような大型犬まで、まるで犬だけの動物園だ。飼い主同士は顔見知りのようで〝犬談義〟に花を咲かせている。とにかく時間の流れが早い香港とは対照的に、ゆったりとした時間の流れをここでは感じることができる。

さて、お目当ての海鮮。店の前には水槽がずらりと並べられており、ロブスター、ホタテ、シャコ、アワビ、エビ、アサリ、カニなどから食材を選べる。日本では見たことのない魚介類もいる。店員に、このエビがどれだけ必要で、こんな料理にしてほしいという要望を伝えるのが基本。漁船で買った魚を持ち込んでもＯＫ。そういう意味では広東語を話せる人と行くほうがベターだが、そうでない場合もご安心を。レストランではセット料理が用意されている。たとえば二人前なら十種類ある料理のなかから四品、四人前なら五品、八人前なら十二種類のなかから七品を選ぶことができる。八人前にはビール一瓶が無料でつく。料金は二人なら三百五十～四百ドルくらい。料理は先ほどまで水槽で泳いでいた魚を捌(さば)いて調理したものが出てくるので、新鮮そのもの。海を見ながらの料理なのでその味はいっそう格別だ。

帰りも同じミニバスに乗る。実はなんとこのバス、二十四時間運行している。海鮮料理をお腹一杯食べたあとに近くにあるバーでもう一杯、という流れも可能。終電ならぬ終バスを気にしなくてもいいのはうれしいのだが、深酒確実ということになりがちなので、交通機関が発達するのはある意味、よし悪しである。

香港

キャットストリートで探す、レトロな雑貨

久米美由紀

日本人、香港人を問わず、暇なときなにをする？とよく訊かれます。おそらく狭い香港で人がなにを楽しんでいるか、気になるのでしょう。

大都市での余暇の過ごし方は、世界中どこでも似たりよったりだと思いますが、私の場合、買い物や飲食、スポーツ、映画、旅行、郊外も頻繁に訪れます。レトロな生活雑貨探し、毎週水曜の夜の跑馬地賽馬（ハッピーバレー競馬）も大好きですけれど、地下鉄上環駅から歩いて十分ほどの場所にある通称キャットストリート（摩羅上街、アッパー・ラスカー・ロー）とその周辺には二十年近く通い、最近はほぼ毎週欠かさず足を運んでいます。

キャットストリートとその周辺は、地元ではいまさら感のある観光地ですが、意外にもまだまだ新しい発見があるのです。毎週のように発見したお宝を買ってどうするの、という人もいますが、もし毎日通っていたらお金が尽きてとうの昔に香港を去っていたかもしれず、香港島西側にあるキャットストリートと距離を置くため

に、長年東区(ドンコイ)に住みついています。

もともとは盗品（老鼠貨(ロウシューフォー)）を買いに集まる輩（猫）の街、猫街(マーウガーイ)と呼ばれたのが英語の通称にもなったもので、直接泥棒市といわないのがなんとも広東語っぽい。現在の香港人はキャットストリートを猫街ではなく普通に摩羅上街というので、英語の通称がいまに残った珍しい例です。どんなガイドブックにも載っているこの観光地、路上には常に二十カ所ほどの屋台が出ていて中国産の工芸品がたくさん売られています。

階段通りから入った入口付近に並ぶ翡翠(ひすい)、木彫、象牙風、毛沢東(もうたくとう)、ブルース・リー、中国家具に置物、カラフルな食器。新品やレプリカがほとんどで、無造作に置かれたそれらを眺めて歩くだけでも楽しく、外国人向けの中国土産というものがよくわかります。

道路脇は本物のアンティークショップ。高級店の並ぶ荷李活道(ホーレイウッドウ)（ハリウッドロード）より威圧感がなく、気軽に入ることができます。

道のなかほどを過ぎると、だんだんと新しいものだけでなくデッドストック、古道具が混在した屋台が増えてきます。アンティーク時計、一九五〇～六〇年代の鑽(ズアン)石牌社(シーパイ)の上海時計、小型の中国家具のレプリカなどは値段交渉によっては上海とそ

100メートルほどの通りにさまざまな古いものがひしめく

れほど変わらないか、さらに安い価格で入手が可能です。狙い目は屋台の脇などにさりげなく積まれている古い食器や道具類で、なかにはプレストガラスの器や、いまは手に入りにくい、ひと昔前の中国食器などがあり、チェックが欠かせません。

さらに歩を進めると、アンティーク中心、あるいはがらくたばかりを並べる屋台が現れ、脇道にもそういった店が多くなります。昔のデザインが好きな私のお目当てはもちろんこのあたりで、骨董店にある宋(そう)～清(しん)時代のアンティークもいいのですが、清時代以降～一九七〇年代の食器や生活雑貨など、実際に使える意外な掘り出しものに出合うことも。もちろん中国製だけでなく、以前ならファイヤーキングの各種ガラス食器、いまではときおり、昭和期に日本から輸出されたＳＥＹＥＩやＮＡＲＵＭＩのティーカップセットなどがみつかります。

ここ数年、香港人の間でレトロな雑貨好きが急増したために、商品の動きは意外と早く、いつ訪れても、なにかしらのお気に入りに出合える可能性があります。地元の人も以前より多く見かけるようになりました。運がよければ、隠れたお宝が格安でみつかるかもしれません。

キャットストリート奥の屋台や店は混沌としていて、泥棒市だった頃の面影が残っているようです。地面に置かれたたくさんのがらくたのなかからお気に入りをみつけるのは、旅の楽しみのひとつです。ちなみに香港にはアンティークやヴィンテージものがずらりと並ぶ、大型の蚤(のみ)の市や骨董市はありません。アジアでは、有名な上海の東台路(ドンタイルー)やバンコクのトレインマーケットをはじめ、台湾やマレーシア、お隣マカオにもそれらしき場所があるのにずっと不思議でした。キャットストリートの屋台や脇道の古物商はささやかながら、その役割を果たしているといえそうです。

香港

知られざる香港のビーチで過ごす贅沢な週末

甲斐美也子

香港といえば、摩天楼が建ち並ぶ洗練された大都会や、派手な看板がせり出したガチャガチャとした通りなどを思い浮かべる方が多いはず。しかし実際に住んでみると見えてくるのが、知られざるアウトドア天国という一面です。

香港自体は、札幌市とほぼ同じ、東京二十三区の約半分の広さというなかで、実は市街地は二五パーセントしかありません。残りの香港は、ほとんどが山と森林、そして大小、二百三十余の島が南シナ海に浮かんでいます。つまり、ビルが並ぶ都心から外に目を向ければ、ほんの数十分の移動で海もあれば山もあり、手つかずの自然が残る贅沢な環境であることがわかります。週末といえばハイキングという在住者もとても多いのです。

私が住んでいる大嶼山（ダーイユーサーン）（ランタオ島）は、香港国際空港があることで知られていますが、その南部には数々の美しいビーチがあります。

なかでも最も人気が高いのは、香港で一番長い砂浜だという長沙海灘（チョンサーホイターン）。砂は薄茶色ですが、海水はとてもきれいで波は穏やかなので、家族連れにも安心。ビーチパラソルを借りて浜辺で日光浴はもちろん、波打ち際で遊ぶ子供たちを眺めながら、ビーチ沿いに並ぶレストランやカフェのテーブルでビールやサングリアを飲みながらのんびり、というのが最高にくつろげるひとときです。

このビーチ沿いには何軒か人気店があり、なかでも南アフリカ式のバーベキューで有名なレストランSTOEP（ストープ）は、週末なら予約が必須の混雑ぶり。非常に欧米人が多く集まる店です。リラックスした雰囲気のなかで味わう、食材の味をいかしたシンプルなバーベキューは最高の贅沢です。

このビーチに来ると、高い確率で遭遇するのが、野生の水牛たち。大嶼山は水牛の生息地としても有名なのです。以前に、何十頭もの水牛の群れが、ビーチを横断する姿を見たときは、完全に香港にいることを忘れました。人に慣れていて、ビーチで遊ぶ人たちのなかに気持ちよさそうに座り込んでいたり、ビーチ近くの沼地で水遊びをしていたり。ものすごく立派な角（つの）があって一見怖そうに見えますが、とてもおとなしい性質のようです。

大都会から野生の水牛が戯れるビーチまで、香港の振り幅の大きさには驚かされるばかり。

香港に何度か来ている方にとてもおすすめなこのビーチ。中心部からここに行くには、まず中環（ヂョンワーン）の六番埠頭からフェリーで梅窩（ムイウォー）、または地下鉄ＭＴＲで東涌（ドンチョン）に行きます。それぞれの町からタクシーかバスで二十分ほどです。大嶼山のブルータクシーは台数が少ないので、待ち時間がとても長いことがあり、バスも下車するポイントがわかりづらいのが唯一の難点ではあります。

とはいえ、日本と比べて温暖で、十二月〜二月ぐらいの寒い時期を除けば、ビーチで遊べる期間がとても長い香港。夏でもそれほど混雑することがなく、春や秋はどこか寂れた雰囲気にもたまらなく風情がある香港のビーチで、いつもとひと味違う香港を味わってみてください。

マカオ

大航海時代が育んだ味「マカオ料理」

勝部悠人（「マカオ新聞」編集長）

日本人にとって、マカオと聞いてすぐ頭に思い浮かぶのは、カジノと世界遺産だろう。どちらもマカオ観光のハイライトといえる存在だ。実はもうひとつ、グルメの街としてもよく知られている。香港の食通の間ではとくにそういった傾向が強く、足しげく通うファンも多いという。そのお目当てのひとつが、マカオで独自の発展を遂げた郷土料理で、ここでしか味わうことができない「マカオ料理」だ。

あらためて考えると、香港料理という言葉はほとんど聞かない。香港を代表する地元の食といえば、広東料理を挙げる人がほとんどだ。広東料理といえば、多少のバリエーションの違いはあれど、広東省やマカオも含む広いエリアの郷土料理といえる。

香港にはカジノも世界遺産も郷土料理もないが、マカオにはそのすべてがそろっているのが興味深い。

マカオ料理とは?

マカオの街を歩くと、ポルトガル料理（葡國菜(ポウゴックチョイ)）という看板を掲げた店をよく見かける。おそらく、アジアで最もポルトガル料理店が多い街といえるだろう。マカオ料理は、ポルトガル料理から発展した料理で、現状、マカオでポルトガル料理の看板を掲げている店の大半が、ポルトガル料理とマカオ料理の両方を提供している。

では、マカオ料理とはいったいどんなものなのか。大航海時代、ポルトガルの船乗りは、リスボンを出発したあと、大西洋に面したアフリカ大陸の西岸から喜望峰を経てインド洋に入り、インドのゴアやマレーシアのマラッカなどを経てマカオへ至る旅を繰り返していた。マカオ料理は、ベースとなるポルトガル料理に、この航海のなかで立ち寄った各地の食材、調理法、スパイスなどを加え、さらにもともとマカオにあった広東料理のエッセンスが入り交じって誕生したといわれている。

第二次世界大戦後、アフリカやアジアの旧ポルトガル植民地が次々と独立を勝ちとっていく。そんななか、現地在住のポルトガル人たちがアジア最後の植民地と呼ばれたマカオを移住先として選ぶことも多く、この際にマカオに持ち込まれた新要素も多数あったといわれている。

マカオ料理とは、ポルトガル大航海時代が生んだフュージョン料理といえよう。

マカオ料理の代表メニュー

マカオ料理の原点とされるポルトガル料理そのものが、どちらかというと素朴な調理法のメニューが中心となる。マカオ料理は、スパイスを多用したややこってりした味わいのものが多く、煮込みや米を使った料理など、日本人の口にも合うものが多い。ここでは、マカオ料理の代表メニューとして五品をご紹介しよう。

1. アフリカンチキン

マカオ料理といえば、真っ先にその名が挙がる定番メニュー。かつてマカオに駐留していたアフリカ系ポルトガル兵が持ち込んだとされている。店によってスパイシーなもの、ココナツミルクを使ったまろやかなものなど、味の違いが大きく、食べ比べが楽しめる。

2. カレークラブ

カレーは、旧ポルトガル領インド（ゴア、ダマン、ディーウ）からマカオへ伝わったといわれる。スパイスをたっぷり使ったカレーソースで地元産のカニを丸ごと一匹煮込むという大胆な料理だ。高級食材のカニを使うため、価格は比較的高めという店が多い。

3. ミンチィ

ポルトガル系マカオ人の家庭料理から発展したといわれるメニュー。牛または豚のひき肉と玉ねぎ、角切りにしたジャガイモにニンニクを加えて炒め、醤油で味付けする。レストランでは白ご飯と一緒に提供されることがほとんどで、マカオ風そぼろごはんといったところ。

4. ポルトガルチキン

ポルトガルと名が付くものの、本国にはなくマカオ料理のオリジナルメニューといわれる。ココナツミルクを使ったまろやかなカレーソースで煮込んだチキンとジャガイモの上にゆで卵を載せ、オーブンで焼いたグラタン風の料理。

5. アサリの蒸し煮

アサリにガーリック、コリアンダー、レモン汁を加えて白ワインで蒸し焼きにする定番のシーフード料理。こってりした味のメニューが多いマカオ料理にあって、こちらはあっさり系。出汁（だし）の利いたスープも美味。ポルトガル本国のオリジナルとほとんど変わらないが、マカオでは近海産のアサリを使う。

マカオ料理を味わえる店

マカオには数えきれないほどのポルトガル・マカオ料理店が存在する。ここでは、

カレークラブ

ポルトガルチキン

1903年創業の佛笑樓

定番マカオメニューを数多く揃えた特色あるふたつのレストランをご紹介したい。

■佛笑樓（ファッシウラウ）

一九〇三年創業の老舗で、初代から受け継いだ伝統レシピを守り続ける店。古い街並みが残るマカオ半島の観光名所、福隆新街（フッロンサンガーイ）にある一軒家風レストランで、ベテランスタッフによるおもてなしにも定評がある。きちっとテーブルがセットされ、店内は落ち着いた雰囲気が漂う。新口岸エリアに二号店、タイパビレッジに三号店を展開している。

【住所】澳門福隆新街64號
【電話】２８５７－３５８０
【営業時間】12時30分～22時30分
【定休日】無休
【予算】１５０パタカ～
【カード】VISA、MASTER

■坤記餐室（ア・ヴェンセドーラ）

マカオ半島の下町エリアの中心、水坑尾街（ルア・ド・カンポ）にある食堂風の庶民派レストランで、一九一八年創業の老舗。リーズナブルな価格でポルトガル・マカオ料理の代表的メニューを味わえると人気だ。観光客だけではなく、地元の客からも支持されており、カップワインを片手に談笑するマカオ在住ポルトガル人の姿も多く見かける。

【住所】澳門水坑尾街２６４號
【電話】２８３５－５４６０

【営業時間】11時45分～22時
【定休日】火曜、祝日、旧正月
【予算】60パタカ～
【カード】不可（現金のみ）

マカオ

マカオの祭り

渡邊章太郎

マカオは約四五〇年間のポルトガル統治を受けていることから、ポルトガル文化やキリスト教の影響を受けている。人々の生活に深く浸透していて、伝統を重んずる素朴な静の一面をもちつつ、新しい若い世代がもたらす動の一面もある。春のパッソス聖体行列、天后節（ティンハウヂッ）、ファティマ聖母の行列、梅雨の端午節（デュンンーヂッ）、初夏のナーチャ祭、猛暑の盂蘭節（ユィラーンヂッ）、初秋の中秋節（ヂョンチャウヂッ）、秋のルゾフォニア・フェスティバル、マカオ・シティ・フリンジフェスティバル、初冬の聖母マリア祭、ラテンシティ・パレードなどがある。

そもそもこの街は、西洋と東洋の文化が共存しており、祭り行事は結構多く、街中は年中忙しい。十八世紀後半頃までマカオは東アジアの貿易中心地として栄えており、産業革命以降、その役割は香港が担うようになった。なにがいいたいかというと、産業革命以降のマカオはロストシティ（忘れられた街）で、外国からはほとんど手つかずの場所であった。歴史的な建造物や道路もそのまま残されていたりする。

祭りの話に戻ると、それぞれの祭りを盛り上げている担い手は、祭りによって異なる。

私が幼い頃から毎年行われてきた祭り行事であるが、移民の街としても知られるマカオで、さまざまな民族によって昔から続く伝統・祭りが新しい担い手に引き継がれているのはうれしい。

ここではいくつかの祭りを紹介したい。

四月の天后節　海の女神媽祖（マーヂョウ）の誕生を祝う祭り。マカオはもともと漁村としても栄えていたため、海の安全を願い媽祖への信仰が深い。祭りは媽祖の練り歩きからはじまり、伝統の粤劇（ユッケッ）を披露する。この粤劇披露は百数十年の歴史があり、媽閣廟（マーゴッミウ）前のバラ広場に竹組みの仮設ステージで行われる。

六月の端午節　中国春秋時代の屈原（くつげん）という武将を祭り、悪を追い払うという思いがある。この時期になるとドラゴンボートレースに向けてチームを結成して練習が行われる。近年裕福になったこともあり、企業チーム対抗レースもあり、地元では盛り上がっている。そして、外せないのが、粽（ちまき）である。家庭でつくる習慣は現在も続いている。

マカオ・ラテンシティ・パレード

十二月の聖母マリア祭　キリスト教伝統の記念日で、主なキリスト教信仰国家では祝日とされている。簡単にいうと、純潔の聖母マリアを祭っている。マカオではキリスト教系の学校でミサが行われ、子供たちに聖母マリアへの親しみを深めようとしている。子供の頃の学校行事で、各国の言葉で聖母マリア祈禱文を読みあげるというのがあり、日本語で暗唱したことを思い出したりする。

ラテンシティ・パレード　二〇一一年からはじまった新しい祭りで、マカオの中国への返還を記念して行われている。政府の一大行事ということもあり、マカオ市民・学生・団体のみならず、ポルトガル語圏諸国やラテン系の国からパフォーマーを呼び、セントポール天主堂跡から練り歩き、タプセック広場へ行く。各国からのダンサー、パペット、マジシャン、アーティストたちが鮮やかな衣装やメークアップをしてドンチャン騒ぎをする。たくさんの人たちが集まり、パレード順路を埋め尽くして楽しんでいる。

盂蘭節 日本でいうお盆にあたり、地元では鬼節(グワイヂッ)ともいう。この時期の夜、マンションの前でドラム缶を置き、先祖へのお供えの紙を燃やしている。こちらでは、ご飯や果物など本物の食べ物をお供えするほかに、紙でできた車や、食べ物、お供え用の紙幣などを燃やしてご先祖様へ届け、あの世で生活に困らないようにする習慣があり、その紙でできたお供え物を扱っているお店を街中で目にする。また、この時期は日本のお盆と同様、幽霊がよく出るともいわれている。

マカオでどっぷりとディープな生活を過ごすのも楽しい。東西文化の祭り行事に参加するだけでなく、地元の人と一緒に運営を手伝うのも楽しい。

あとがき

二〇一四年十二月十一日、香港の路上占拠が、すべて強制排除された。七十五日間にわたって、普通選挙を要求して路上を占拠した民主派や学生の行動は、ひとつの成果を得ることなく収束した。

その二週間ほど前、旺角(ウォンコッ)での強制排除が行われた。拠点だった金鐘(ガムヂョン)の占拠が排除されるのは時間の問題といわれた。

僕は三回、路上占拠の現場に出かけていた。

やはり行くべきだろうか……。

悩んでいた。

最後は皆、路上に座り込むだろう。警察官にごぼう抜きされていく姿を見るのは忍びなかった。ぐずぐずしているうちに、金鐘の排除はあっけなく終わってしまった。

旺角の排除が終わったあと、ひとつの臆測が飛び交った。十二月二十日に予定されている、マカオの中国返還十五周年記念式典に間に合うように、金鐘の路上占拠を排除するのではないか……という噂だった。

その真意はわからないが、結果として、その通りになった。この式典に出席するために北京からやってきた習近平（しゅうきんぺい）は、その前日、マカオで香港の行政長官である梁振英（りょうしんえい）と握手を交わした。「勇敢に責務を果たし、香港の当面の情勢を好転させた」。これが習近平が出したコメントだった。

香港とマカオ——。本書が旅するエリアなのだが、今回の路上占拠は、このふたつのエリアの違いを浮き彫りにしてしまった。マカオドームで行われた式典を、路上に座り込んだ香港の人々は、どんな面もちで眺めていたのだろうか。中国返還以降、中国に抗議する香港人の行動は、いつも切ない結末を迎える。そしてそのなかで涙を溜める香港人がいとおしい。

それは脱国家型政治と国家型政治のせめぎ合いだった。香港の輝きは、国家という枠を超えた自由のなかから生まれた。それが香港の魅力だった。旅行者はその空気を敏感に感じとっていた。僕もそのひとりだった。

しかし返還された中国は、国家が国民を管理することを前面に出す国だった。しかも中国の経済成長が進み、そこに生まれた膨大な富に、香港の自由が翻弄されることになる。ある意味、香港は中国の富の犠牲になっていく。そのなかを危うさを内包させながら泳いでいるのがマカオだった。

単純な観光地として、週末に香港とマカオを訪ねるのは、ちょっと惜しい気がする。いまの香港とマカオは、イギリスとポルトガルという国に属し、その後、中国に返還された軌跡を胸に歩くと、手応えのあるエリアである。香港の茶餐廳（チャーチャンテーン）のまずいマカロニスープや、マカオのポルトガル料理店で味わうカレー風味のチキンのなかに、ふたつのエリアで暮らす人々の過去と直面している現実が詰まっているような気がするのだ。

本書は、バンコク、台湾、ベトナム、沖縄と続く『週末シリーズ』の一冊である。週末に香港とマカオを効率よく訪ねるための親切なガイドではないが、このふたつの街のエキゾチックなエッセンスをぎっしり詰め込んだつもりだ。このなかから、週末の香港とマカオの旅を組み立てていただけたら、と思っている。

地名や人名などは、基本的に香港とマカオの人たちが一般的に使う広東語の読み方にした。中国大陸で使われている言葉との違いは、香港とマカオを語る上で、重要な要素だと思っているからだ。読み方は、広東語に詳しい須賀郁子さんにお願いした。

第七章は、写真を含め、香港とマカオに暮らす方々にお願いした。写真は多くを阿部稔哉氏に撮り下ろしてもらった。香港の路上占拠や一部の写真は、僕が撮ったものを使っている。

出版にあたり、朝日新聞出版の大原智子さんのお世話になった。

二〇一五年一月

下川裕治

香港・マカオ 広域 MAP

北京
ソウル
韓国
福岡
黄海
漢撃山
日本
中国
上海
奄美大島
東シナ海
沖縄島
那覇
宮古島
台北
石垣島
台湾
広州
深圳
高雄
太平洋
香港
マカオ

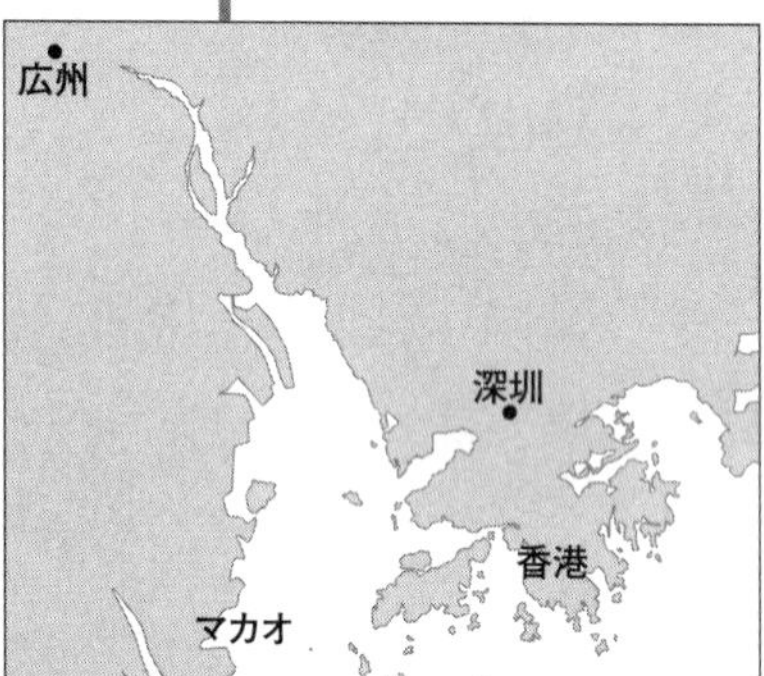
広州
深圳
香港
マカオ

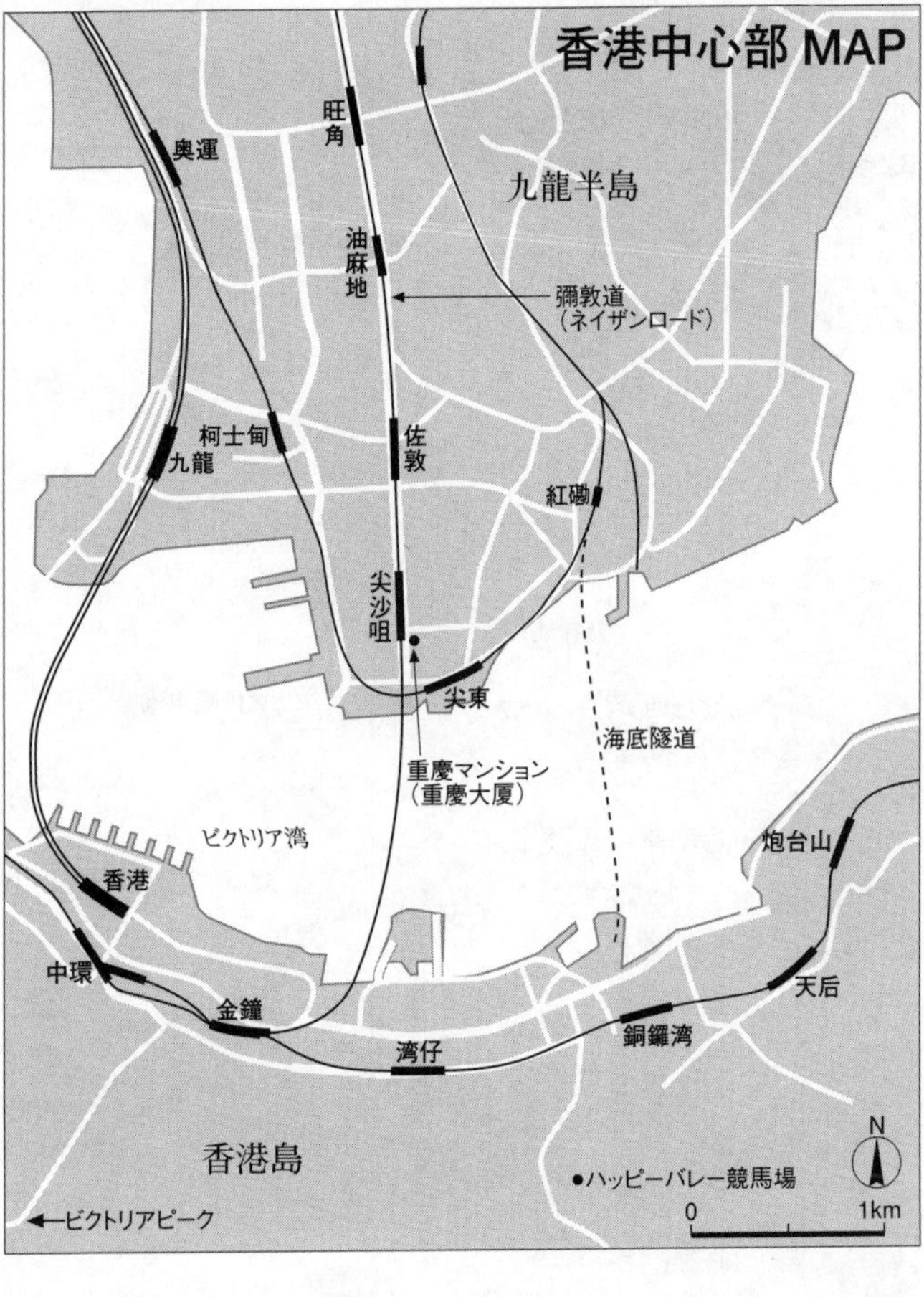
香港中心部 MAP
旺角
奥運
九龍半島
油麻地
彌敦道
（ネイザンロード）
柯士甸
佐敦
九龍
紅磡
尖沙咀
尖東
海底隧道
重慶マンション
（重慶大厦）
ビクトリア湾
炮台山
香港
中環
天后
金鐘
銅鑼湾
湾仔
N
香港島
●ハッピーバレー競馬場
0
1km
←ビクトリアピーク

マカオ MAP
N
0
880m
珠海市
出入境ゲート
中国
広東省
珠海市
内港
セントポール天主堂跡
国父記念館
セナド広場
外港フェリーターミナル
拡大図 次頁
グランド・リスボア
ホテル・リスボア
媽閣廟
マカオタワー
タイパ・フェリーターミナル
氹仔
(タイパ)
マカオ国際空港
マカオ・ジョッキー・クラブ
(競馬場)
路氹
(コタイ)
路環
(コロアン)
珠海市

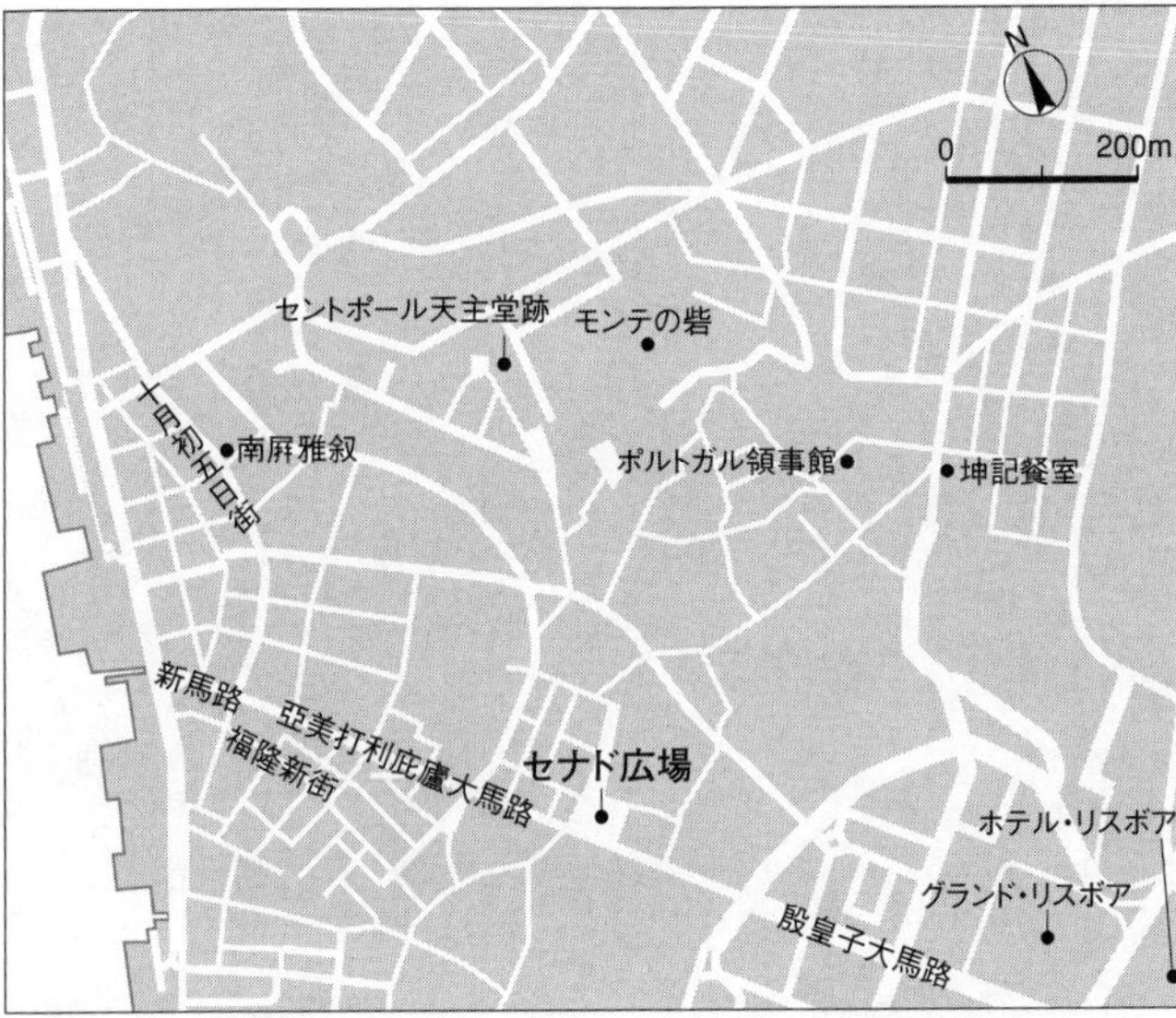
N
0
200m
セントポール天主堂跡
モンテの砦
十月初五日街
南屏雅叙
ポルトガル領事館
坤記餐室
新馬路
亞美打利庇盧大馬路
福隆新街
セナド広場
ホテル・リスボア
グランド・リスボア
殷皇子大馬路

マカオ中心部 MAP

週末香港（しゅうまつほんこん）・マカオでちょっとエキゾチック　朝日文庫

2015年２月28日　第１刷発行

著　者　下川裕治（しもかわゆうじ）
写　真　阿部稔哉（あべとしや）

発行者　首藤由之
発行所　朝日新聞出版
〒104-8011　東京都中央区築地5-3-2
電話　03-5541-8832（編集）
03-5540-7793（販売）
印刷製本　大日本印刷株式会社

Published in Japan by Asahi Shimbun Publications Inc.
定価はカバーに表示してあります

ISBN978-4-02-261820-7
落丁・乱丁の場合は弊社業務部（電話03-5540-7800）へご連絡ください。
送料弊社負担にてお取り替えいたします。